Worpsweder Spitzen

Jürgen Teumer

Worpsweder Spitzen

Notizen
aus einem Weltdorf
und umzu

Edition Falkenberg

Bildnachweis:
Friederike Toeppe
Studentin an der Kunsthochschule Berlin-Weißensee

1. Auflage 2023

ISBN 978-3-95494-305-0
www.edition-falkenberg.de

Inhalt

Meiner
verstorbenen
Frau Anne
gewidmet

Notwendige Vorbemerkungen

Verehrte Leserinnen und Leser!
Die meisten Geschichten dieses Buches gehen auf Erlebnisse und Erfahrungen zurück, die ich im Künstlerort Worpswede gesammelt habe oder die von dort ihren Ausgang genommen haben. Ich habe sie in den letzten Jahren gesammelt und mit spitzem Stift festgehalten. Damit ist aber noch längst nicht gesagt, dass sich alles wirklich so ereignet hat. Ganz im Gegenteil: Das meiste ist ziemlich frei erfunden.

Wenn Sie einmal in den Seiten blättern, werden Sie sich vielleicht fragen, wieso jemand überhaupt auf die Idee verfallen kann, so etwas zu schreiben? Ich könnte mir die Antwort sehr einfach machen und zurückfragen: Lesen Sie etwa keine Zeitung? Das müsste doch für Sie als Antwort ausreichen. Oder glauben Sie wirklich noch, dass da alles der Wahrheit entspricht? Aber der eigentliche Grund liegt natürlich viel tiefer: Es war und ist der Genius Loci, also der Geist eines Ortes, der mich angeregt und wahrscheinlich dafür gesorgt hat. In meiner unmittelbaren Nachbarschaft lebte nämlich früher, also vor meiner Zeit, einmal ein Mensch, der sich mit allem und jedem befasste und trotzdem kaum etwas Vernünftiges zustande brachte.*

Ich habe diesen Mann leider nicht kennengelernt. Dennoch habe ich ihn mir zum Vorbild genommen. Solch eine Chance bekommt man nicht alle Tage. Schließlich war ich jahrzehntelang als deutscher Beamter gewohnt, unnützen bzw. unsinnigen Aufgaben Sinn abzugewinnen. Recht passable Voraussetzungen also, auch nach der Pensionierung weiter bei diesem Leisten zu bleiben.

Allerdings hatte ich durch den Schock der Pensionierung und den Verlust des täglichen Trainings die frühere Souveränität

---

* Eingeweihte wissen, dass es sich um Edwin Koenemann (1883–1960) handelt, den Erbauer der »Käseglocke«, jenem eigenartigen Rundhaus am Rande der Marcusheide in Worpswede. Einige von Ihnen haben vielleicht mein inzwischen leider vergriffenes Buch gelesen, das sich mit dem Leben und Werk Koenemanns beschäftigt: Teumer, J.: Die Käseglocke in Worpswede. Ein Rundhaus mit Geschichte und Geschichten. Worpswede 2002, 2. Aufl.

und Routine, Unsinn zu machen oder mir wenigstens damit die Zeit zu vertreiben, ein bisschen verloren. Infolge von Trainingsrückständen fehlte mir noch die letzte Perfektion meines Vorbildes. Seine Tätigkeit bestand bekanntlich darin, bei der Obsternte die Früchte, bei der Kohlenlieferung die Kohlen und zu Weihnachten die bunten Zuckerstreusel auf den Plätzchen zu zählen.

Als Übungsfeld habe ich mir jüngst auf unserem Grundstück eine Walderdbeerplantage eingerichtet. Das Zählen der Früchte, unterschieden nach unreif und reif, steigerte meine geistige Regsamkeit erheblich. Und zum Weihnachtsfest werden bei uns neuerdings Plätzchen mit Zuckerstreuseln gebacken. Da bin ich auch während der Festtage gut ausgelastet.

Auf ein weiteres Problem muss aufmerksam gemacht werden. Einige der folgenden »Notizen« setzen nämlich zu ihrem besseren Verständnis ein gewisses Maß an Humor und das Ertragen von Übertreibungen voraus. Vielleicht gibt es unter Ihnen, verehrte Leserinnen und Leser, jene Fortschrittlichen, die sich gerade in dieser schweren Zeit für den Volkshochschulkurs »Wir lernen gemeinsam, Humor zu ertragen« (zwölf Sitzungen à zwei Stunden für 87,50 €) oder für den Kreativlehrgang zu den »Abgründen der Groteske im vereinigten Deutschland« (Kompaktkurs am Wochenende inklusive Eintageswanderung in zerklüftetes Gelände für 83,20 €) angemeldet haben. Ich kann Sie zu Ihrer Entscheidung nur beglückwünschen!

Gute Bekannte meinen zwar, dass Deutsche das Buch vorerst möglichst nicht kaufen sollten. Wenigstens solange nicht, bis die von der Bundesregierung eingesetzte Experten-Kommission die Ergebnisse zur Lage des Humors im Teufelsmoor vorgelegt hätte. Erst danach sollte die empfohlene Kaufzurückhaltung für die breitere Öffentlichkeit aufgehoben werden. Meine penetrant frankophile Ehefrau plädiert sogar dafür, das Buch zunächst nur in seiner französischen Übersetzung bei den Bouquinisten an der Seine in Paris auszulegen. Dort würde sowieso kein Deutscher etwas kaufen – und wenn, dann die Orte des

Geschehens im »marais du diable« (Teufelsmoor) geografisch nicht zuordnen können – ganz zu schweigen von dem angeblichen Künstlerdorf Worpswede, das ohnehin nur eingefleischten Kaffeefahrt-Touristen ein Geschmacksbegriff ist.

Ein Vor-Letztes muss hier vorsichtshalber auch noch angemerkt werden. Sie, verehrte Leserinnen und Leser, werden in diesem Buch mit einer Textform konfrontiert, die sich in ihrer Rückwärtsgewandtheit befremdlich gibt. Da wird in übelster reaktionärer Tradition stilistisch unterschieden in Männlein und Weiblein. Auf diese Weise werden Sie der so wunderbar flüssig les- und präzis verstehbaren Majuskel, nämlich des als Großbuchstabe geschriebenem I (z.B. LeserInnen) und dem dadurch in unsere Welt gekommenen, ach so liebenswerten Mischwesen nicht begegnen. Desgleichen müssen Sie auf die anderen, in fortschrittlichen Druckwerken bereits präsentierten Gender-Sonderzeichen, wie das Sternchen (z.B. Käufer*innen), den Unter- bzw. Schrägstrich (z.B. Maler_innen; Künstler/innen), auch auf die gleichermaßen üblich gewordenen Doppelpunkte (z.B. Worpsweder:innen) zur Kennzeichnung der wahren geschlechtlichen Gegebenheiten verzichten. Andererseits aber haben Sie sich damit den Vorteil erkauft, beim Vorlesen derartiger Texte auf den notwendigen Glottisschlag, also den unschönen Knacklaut vor Vokalen, verzichten zu können. Schließlich werden Sie auch auf das klein- und damit falsch geschriebene »frau« im Zusammenhang mit dem Pronomen »man« in den Texten verzichten müssen.

Aber das Allerschlimmste ist: Ich habe verzweifelt versucht, einer besonderen Gepflogenheit des modernen sprachlichen Alltags konsequent zu widerstehen: nämlich dem falschen Gebrauch der Konjunktion »weil«. Sie kennen den Originalton: »Ich bin heute einfach gut drauf, weil ich habe mich klasse erholt.« Was einmal vor Jahren innerhalb des lästigen Interview- und Talkshow-Geschwafels von öffentlichkeitssüchtigen Politikern, Sportlern und anderen Showgrößen das Tageslicht erblickte und zur steten Vernichtung der Denn-Konjunktion führte, hat inzwischen leider die mündliche Mitteilungsebene verlassen und bereits mehr und mehr im Schriftsprachlichen an Boden gewonnen.

Auch auf das neuerdings – besonders von unseren begnadeten Fußball-Millionären – gebrauchte »wie gesagt«, obwohl sie das Behauptete überhaupt nicht gesagt hatten, müssen Sie leider verzichten. Und dass Sie im Folgenden weder den grassierenden Sprachfloskeln »am Ende des Tages«, »ein Stück weit« oder »Stand heute« noch dem neu aufgetauchten Modewort »Narrativ« begegnen, sogar die Lücken- und Pausenfüller »halt« oder »eben halt« und »genau« fehlen werden, dafür muss ich um Nachsicht bitten.

Gleiches gilt für »spannend«, das aktuell inflationär gebraucht und hier weggelassen wird.

Also, wie (tatsächlich) gesagt bzw. geschrieben, Sie werden sprachlich zurückgeworfen! Aber vielleicht haben Sie trotzdem ein wenig Vergnügen an dem, was Ihnen auf den nächsten Seiten präsentiert wird.

Jürgen Teumer, im Sommer 2023

Willkommen in Worpswede*

Das ist eine halbwegs wahre Geschichte. In ihr spielen ein Franzose und zwei Maler, die Worpswede besuchen, und zwei weitere Menschen, die sich in Worpswede niederlassen wollen, die Hauptrollen. Sie haben viel Interessantes aus mehr als zwei Jahrhunderten zu berichten, das vielleicht zum Schmunzeln anregt. Und am Ende kommt sogar, für Worpswede unvermeidlich, Paula Becker vor – als sie noch nicht Modersohn hieß.

Man mag sich ja wundern: Tag für Tag, Woche für Woche und jahrein, jahraus kommen Menschen nach Worpswede. Viele von ihnen suchen verzweifelt die Maler vor den Häusern. Weiß der Himmel, wer ihnen dies eingeredet haben mag. Die meisten Besucher irren deshalb reichlich verwirrt im Ort

---

* Dieser Beitrag ist in ähnlicher Fassung schon einmal veröffentlicht worden in: Heimatverein Worpswede (Hrsg.): Worpswede. Menschen, Bilder & Geschichten. Berlin 2019, S. 87–91.

herum, weil sie an jeder Hausecke die pinselschwingenden Geschöpfe vermuten. Andere wiederum verlaufen sich gar in den Maisfeldern in Gipfelnähe am Weyerberg. Aufgrund der dünnen Atmosphäre, immerhin weist der Gipfel 5.440 Zentimeter über dem Meeresspiegel auf, erleiden einige heftige Atemnotattacken. Andere müssen wegen der Güllebelastung dieser Areale wiederbelebt werden. Für Radio Bremen oder NDR 1 Niedersachsen gehören deshalb Warnungen bzw. Suchmeldungen mit exakten Personenbeschreibungen zur täglichen Routine.

Die eher kulinarisch Interessierten gehen ohne solche bergtouristischen Eskapaden geradewegs in die Cafés. Sie haben schon vom Busfahrer gehört, dass die Maler gar nicht mehr vor den Häusern säßen, sondern sowieso alle nur noch auf dem Friedhof lägen. Dagegen wäre die Buchweizentorte absolut Spitze. Die würde die schönsten Gemälde bei Weitem ausstechen.

Die nicht ausrottbare Gruppe der Kunstbeflissenen jedoch, die sich trotz aller Unkenrufe nicht von Kunsttempelbesuchen abhalten lassen wollen, fällt unbeirrt in die heiligen Hallen der Museen und Galerien ein. Kundig fragen sie dort den erstbesten aufsichtführenden Menschen, wo denn hier in Worpswede die Vogel-Sammlung wäre. Und kenntnisreich verweisen einige unter ihnen, die sich in den abgelegenen Barkenhoff durchgeschlagen haben, darauf, dass dieser Vogelhalter (bzw. Vogelweide oder so ähnlich) offenbar ein sehr reicher Bauer gewesen sein muss, wenn er sich so viele Bilder in sein Haus hängen konnte.*

Nun, das Phänomen der Reiselust, um der eigenen Bildung aufzuhelfen oder gar vorhandenen Vorurteilen neue, bessere hinzufügen zu können, dieses Phänomen ist uralt. Lange bevor die Tourismusindustrie die Bildungshungrigen zu den abgelegensten Gestaden

---

* Von Hans-Herman Rief (1909–2009), dem verdienten Kunsthistoriker und Archivar, dem »Gedächtnis« Worpswedes gesammelte Fragen und Bemerkungen von Besuchern im Künstlerort. In: Elze, Peter/Nachtwey, Birgit: Heiteres Worpswede. Worpswede 1994, S. 119–121. Übrigens: Sein Teil-Vorname Herman schrieb sich wirklich nur mit einem n; es ist also kein Druckfehler!

schwemmte, gab es den einen oder anderen Selbstorganisierten. Von einem sei hier berichtet, weil er so herzerfrischend detailgetreu nach Hause schrieb. Es handelt sich um einen Franzosen, der das Teufelsmoor und Worpswede schon im Jahre 1783 bereist hatte.

Es war gerade die hohe Zeit der von Jürgen Christian Findorff (1720–1792) geleiteten Moor-Kolonisation. In mühseliger Schufterei und weiser Vorausschau wurden die Gräben und Kanäle im Moor ausgehoben, damit dann 250 Jahre später die Touristen durchs Moor gesegelt werden könnten. Abgezählt jeder Erste von dreien musste damals seine Mitarbeit allerdings mit einem frühen Ableben bezahlen – getreu dem Abzählvers: »Dem Ersten sien Dod, dem Tweeten sien Not, dem Drütten sien Brot.« Nun, diejenigen, die ihr Engagement mit dem Leben bezahlten, konnten wenigstens auf einen bevorzugten Begräbnisplatz setzen. Worpswede hatte nämlich seit 1759 eine schmucke Kirche und einen wunderschönen Friedhof bekommen. Und die Angehörigen des Verstorbenen konnten nun winters auf die manchmal längerfristige Einlagerung der Leiche und den aufwendigen Transport durchs Moor nach Scharmbeck verzichten.* Vor allem aber konnte es von da an nicht mehr so häufig zu Verwechslungen zwischen den auf dem Dachboden stehenden Särgen und ihren Inhalten kommen.**

---

* Die Bewohner Worpswedes waren bis 1759, d.h. der Fertigstellung der hiesigen Zionskirche, in Scharmbeck eingepfarrt. Auf dem dortigen Friedhof wurden auch die Verstorbenen beigesetzt. Da der entfernte Kirchort nur über Kanäle und die Hamme zu erreichen war, konnten die Verstorbenen z.B. bei Hochwasser oder Eisgang manchmal erst mit erheblichen Verzögerungen bestattet werden. Vorsichtshalber wurden deshalb auf den Höfen mehrere Särge auf dem Dachboden vorgehalten. Weitere Komplikationen waren daher nicht ausgeschlossen (s. die folgende Anmerkung).

** Hier wird auf eine Geschichte verwiesen, dass auf einem Bauernhof im Moor wegen der Überschwemmungen im Winter einmal die auf dem Dachboden bis zur Beerdigung eingelagerte Leiche dort versehentlich verblieben war und die in einem anderen Sarg untergebrachten Backpflaumen bestattet worden waren. Diese makabre Geschichte wird verschiedentlich und in etwas abweichender Version erzählt, u.a. von Fritz Blau, in: Elze, Peter/Nachtwey, Birgit: Heiteres Worpswede. Worpswede 1994, S. 81; oder von Otto Gothe, in: Saebens, Hans/Gothe, Otto: Backtorf. Worpswede 1982, S. 61.

Zurück zu unserem Franzosen: Vorurteilsfrei und wahrheitsgetreu weiß jener Reiseenthusiast das Folgende über diesen merkwürdigen Landstrich zu berichten:

»... so haben die Einwohner beständig mit dem Wasser und den Fröschen zu kämpfen. Die Flüsse treten alljährlich aus und setzen das Land auf vielen Meilen in die Breite unter Wasser ... Dann stehen ... Dörfer in einer See und bilden ebenso viele Inseln. Schnupfen, Husten und Fieber sind die Folgen davon und würden vielleicht große Verheerungen unter den Menschen anrichten, wenn sie sich durch häufigen Branntwein nicht immer erwärmten und die Gewohnheit den Menschen nicht eisern machte.

Für einen Fremden muss das Land im Frühjahr und Herbst äußerst ungesund sein. Die Einwohner sind durchaus schneckenartig, bleich von Farbe, weich von Fleisch und eingeschrumpft. Ihre kleinen, runden Figuren stechen von den schlanken Deutschen in den südlichen Gegenden stark ab. Rote Wangen sieht man unter dem Mannsvolk dieser Gegend fast gar nicht, und sie sind auch unter dem Frauenzimmer seltener als weiter gen Süden. Man lebt … schiffsmäßig von gesalzenem Fleisch, welches sie sehr schmackhaft zu machen wissen, von Fischen, Hülsenfrüchten und Branntwein, den auch die gemeinen Weibsleute aus großen Gläsern trinken. … Das Volk ist unempfindlich, schwerfällig, finster und zum Teil auch unreinlich. …«*

Wenig mehr als hundert Jahre später, nämlich 1894, hatte die hiesige Post schon wieder einen Brief über Erlebtes zu transportieren. Diesmal stammt er von einem Maler namens Arthur Illies (1870–1952) aus Hamburg. Er war in Begleitung eines zweiten, Thomas Herbst (1848–1915), der sich gar mit der Absicht trug, das vorhandene Pinsel-Quintett der ersten Maler (Mackensen, Modersohn, am Ende, Overbeck, Vogeler) in Worpswede zu einem Sextett aufzustocken. Es sollte bei der Absicht bleiben, denn der Bericht von Illies deckte, wie wir gleich erfahren werden, einige Schwächen in der Bevölkerung und im Bauwesen auf:

---

* Aus: Boulboullé, Guido/Zeiss, Michael: Worpswede. Kulturgeschichte eines Künstlerdorfes. Köln 1989, S. 24.

»... Auf halber Berghöhe finden wir eine Wirtschaft, und wir setzen uns vor der Tür an einen Tisch, um für unser leibliches Wohl etwas zu tun. Indem wir dasitzen, kommt ein ziemlich trottelhaft aussehender Kerl an unseren Tisch, bückt sich, kriecht unter den Tisch, rollt sich da unten wie ein Igel zusammen und fängt sofort an zu schnarchen. (Wir) starren uns sprachlos an und gehen an einen anderen Tisch. Der Wirt sagt: ›Ach, der ist nicht ganz richtig. Das sind so die Leute da unten im Moor. Da gibt es viele von der Sorte.‹«

Das empörte Fazit der beiden Wanderer: »(Worpswede) ist der allerschwärzeste und sterilste Ort der ganzen Welt. Es gibt da ausschließlich Idioten, die unter den Tischen herumkriechen, und über dem ganzen schwebt eine Zwiebelkuppel, die irgend so ein schwarzer Pfaffe aus Süddeutschland importiert hat.«*

---

* Aus: Elze, Peter/Nachtwey, Birgit: Heiteres Worpswede. Worpswede 1994, S. 59.
a) Es ist anzunehmen, dass die beiden Maler in der Gastwirtschaft »Hotel Stadt London« eingekehrt waren (das Hotel wurde später in »Deutsches Haus«

Der Zufall will es so. Wiederum wenig mehr als hundert Jahre später, nämlich 2001, kommen zwei ältere Menschen in das Kunstmekka Worpswede. Sie sind weder Reiseenthusiasten noch Wanderer, sondern lediglich Neubürger in Worpswede. Unbedarft, wie Zugereiste zuweilen sind, hatten sie natürlich noch keine Kenntnisse über den Ort und seine bewegte Vergangenheit. Anders als der Franzose und der Maler verzichteten sie auf die schriftliche Fixierung ihrer Erfahrungen in Briefform, weil sie ohnehin überwiegend nur noch telefonieren. Notgedrungen existiert deshalb von dem Erlebnis der beiden Neubürger nur ein Fragment, ein knappes Gedächtnisprotokoll.

---

umbenannt; heute steht das »Hotel Worpsweder Tor« an dieser Stelle).

b) Mit ihrer Annahme, dass die ungewöhnliche Kirchturmspitze von einem »schwarzen Pfaffen« aus Süddeutschland importiert worden wäre, irren die Maler allerdings. Der Grund für deren Aussehen ist ein anderer: Die Kirchturmspitze imitiert nämlich ziemlich genau die Form eines kleinen Dachreiters, der vorher nahezu 40 Jahre auf der Worpsweder Zionskirche gestanden hat. Der Kirchturm in der heutigen Form entstand erst im Jahre 1798.

Darin aber ist immerhin vermerkt, dass es sich um einen Abend im April handelte. Kulturbeflissen (wie man sich hier besonders als Neubürger den Anschein zu geben hat) hatten die beiden sich zu einer Lesung von Werken des begnadeten Zeichners und Grafikers Horst Janssen (1929–1995) eingefunden.* Es muss wohl einer jener verhängnisvollen Abende an einem Mittwoch in der Vor-Klinsmann-Ära gewesen sein, wo sich Fußball-Nationalspieler in irgendeinem Stadion zusammenfanden, um über das Fernsehen die Geduld ihrer Anhänger zu testen.

Insofern trafen sich die beiden Neubürger gemeinsam mit weiteren fünf (!) Fußball-Widerständlern in einer der adretten Worpsweder Galerien. Diese überschaubare Hörerzahl brachte für jeden der Anwesenden die Peinlichkeit mit sich, den Interessierten zu mimen. Dieser Zustand hatte aber auch den Vorteil, dass der Vortragende, ein begnadeter Rundfunksprecher mit einer

* Sie lesen richtig: Dieser Janssen konnte auch schreiben. Bücher waren für ihn, man mag es kaum glauben, sogar sein »ein und alles«, wie er einmal bekannte.

wohlig gefühlvollen Stimme, in der Pause jeden in ein persönliches Gespräch verwickeln konnte. Unvorsichtig genug offenbarten dabei die beiden Neubürger, dass sie sich gerade in Worpswede niedergelassen hätten. Der Vortragende schaute sie entgeistert an und fragte: »Wissen Sie eigentlich, dass hier nur Halbbekloppte wohnen?«*

Als die beiden Neubürger auf diese doch so niederschmetternde Offenbarung hin aber erwartungswidrig über ihre Antlitze strahlten, war die Verwirrung beim Vortragenden spürbar. Sogar der Fortgang der Lesung stand auf des Messers Schneide. Seine Stimme verlor vorübergehend ihren Wohlklang. Bei den beiden Neubürgern aber war die spontane Erkenntnis gereift, dass ihre Entscheidung für Worpswede goldrichtig wäre. Weshalb? Nun, sie dachten an ihr fortgeschrittenes Alter und die tröstende Aussicht darauf, ab jetzt und hier

---

* Besagter Rundfunksprecher, auch Schauspieler und Synchronsprecher – Kenner der Worpsweder Szene werden sich des verstorbenen Horst Breiter (1935–2012) gern erinnern – hatte sich wohlweislich in einer kleinen Randgemeinde niedergelassen, die zu Lilienthal gehört.

endlich auf Dauer unter Gleichgesinnten sein zu dürfen.

Auf diesem Hintergrund erscheinen die o.a. Reiseberichte aus den Jahren 1783 und 1894 in einem gänzlich anderen Licht. Was dort für die Berichterstatter auf den ersten Blick abstoßend wirkte, sind bei nüchterner Betrachtung lediglich Etappen einer kontinuierlichen Entwicklung: Sie führte den Menschen dieser Region aus einem schneckenartigen Daseinszustand zu dem eines Menschen, der sich alkoholisiert unter Tischen aufhält zum vorläufigen Endzustand eines Halbbekloppten, der vorgaukelt, dass er Texte von Horst Janssen versteht.

Wie hatte doch Paula Becker 1897 – anders als der Briefeschreiber aus Frankreich und jene malenden Nörgler aus Hamburg – in ihrem Tagebuch vermerkt: »Worpswede, Worpswede, Worpswede ... es ist ein Wunderland, ein Götterland!«* Fürwahr, eine weise Frau!

---

* Tagebucheintrag Paula Beckers vom 24. Juli 1897. In: Bohlmann-Modersohn, Marina: Paula Modersohn-Becker. Eine Biographie mit Briefen. München 1997, S. 51.

Der Akt der Einbürgerung

Ich weiß nicht, wie häufig Sie sich in Ihrem Leben schon dieser Prozedur unterzogen haben, d.h. wie häufig Sie umgezogen sind. Von mir bzw. von uns weiß ich es: 17 (in Worten: siebzehn) mal! Und ich kann feststellen: Dieser bürokratische Akt ist jedesmal ein Erlebnis, der sich tief in Herz und Seele eingräbt. Und er hinterlässt Spuren …

Eines ist doch wohl unstrittig: Alle Menschen kamen irgendwann einmal auf diese begnadete Erde. Der dadurch erreichte Daseinszustand heißt schlicht Erdenbürger. Aus der Gesamtmenge der Erdenbürger schert Jahr für Jahr eine bestimmte Menge aus. Sie wollen sich, aus welchen Gründen auch immer, in Worpswede niederlassen. Der von ihnen angestrebte Daseinszustand heißt dann Neubürger. Wie aber wird nun aus einem Erden- ein Neubürger? Was auf den ersten Blick als eine Dequalifizierung ohnegleichen erscheinen mag, etwa so wie der Abstieg des FC Bayern München aus der Champions League in die Kreisliga, ist aber in Wirklichkeit ein Qualifizierungsvorgang höchsten Anspruchs.

Die wichtigste Voraussetzung, um den Erdenbürger-Status verwaltungsmäßig verlassen und den Neubürger-Status anstreben zu dürfen, ist die Bereitschaft zum Umzug. Leichter großmäulig gesagt und geschrieben als getan! Oder haben Sie, verehrte Leserinnen und Leser, sich schon einmal radikal von dem ganzen Krempel in Ihrem Keller oder auf dem Dachboden trennen können? Haben Sie also wirklich einmal ernsthaft dem entsprochen, was das Wort Umzug begrifflich eigentlich ausmacht und zu einer wahrhaft sinnerfüllenden Befreiung werden lässt? Sie gehören doch, wenn Sie ehrlich wären, auch zu jenen Willens- und Handlungsschwachen, die bei dem unnützen Verlobungs-, Hochzeits- und Geburtstagsplunder, den Sie angesammelt haben, rührselige Emotionen nicht abwehren können. Was sollte Tante Lisbeth denken, wüsste sie, dass ich drauf und dran war, ihre Häkeldecke in die Altkleidersammlung zu geben? Und Onkel Paul, hätte er mich dabei erwischt, dass ich seinen selbstgedrechselten, missratenen Wandleuchter heimlich beim Nachbarn unter dessen Sperrmüll schummeln wollte? So sind doch nun mal die Erfahrungen. So ist das wahre Leben. Also müssen die Inhalte des Kellers und des Dachbodens ohne Einbußen in die Umzugskartons.

Man sieht: Der Umzugswillige hat durch mehrere Fegefeuer und innere Scheingefechte mit den Verursachern des ganzen Krempels zu gehen. Die dabei erlittenen Verbrennungen und auszustehenden Kämpfe hinterlassen seelische Kratzer und gesundheitliche Spuren. Wen mag es da noch wundern, dass die Nervenkostüme dieser Menschen in der Regel kaum aus einer wetterfesten Kleidung bestehen? Doch genau in diesem mehrfach labilen Zustand türmen sich vor Augen und Gemüt der Betroffenen bereits neue Hürden auf: Die Abmeldung auf dem ortseigenen Ordnungsamt des Noch-Wohnortes.

Um aus unserem Wohnort einen passablen Abgang zu haben, hatten wir, d.h. meine Frau und ich, uns vorher noch den teuren

Friseur geleistet, die Fingernägel geschnitten und die Löcher in den Schuhen flicken lassen. Und um unnötigen Existenzbeweisen, vielleicht sogar peinlichen Recherchen beim Sterberegister zu entgehen, hatten wir uns vorsichtshalber zu zweit auf den Weg ins Rathaus gemacht.

Dass an jenem Tag das Rathaus zwar noch im behördenmäßig vorgegebenen Öffnungszeitlimit erreicht werden konnte, hatte für den weiteren Verlauf insofern eine geringere Bedeutung, als just an diesem Tage unverhofft, aber sicher notwendig, dort eine Betriebsversammlung aller Bediensteten angesetzt worden war. Bürgerfreundlich hatte man diese Aktualisierung der internen Abläufe als schriftliche Mitteilung an das Sprechloch in der Pförtnerloge geheftet.

Für meine Frau und mich ergaben sich aus diesem Umstand eine Verlängerung der Ungewissheit, ob denn auch keine Hinderungsgründe gegen unsere Entlassung aus dem Wohnort bestünden. An Nachtruhe war nicht zu denken. Waren wir nicht doch einmal zu aufsässig gewesen? Ob wohl in den Gemeindeakten ein Vermerk existiert über die einzige jemals im Rahmen einer Bürgerfragestunde gestellte Frage durch mich, zweifellos eine tiefe Verletzung des Mindestanstandes und immerhin wert, damals in der regionalen Presse mitgeteilt zu werden? Und hatten wir eigentlich die samstägliche Fegeordnung für den Bürgersteig, vor allem die Fegerichtung mit dem und nicht gegen den Wind eingehalten? Fragen über Fragen, Belastungen des gequälten Gewissens. Hinzu kam das erneute Bereitsein zu dem Gang ins Rathaus, vorsichtshalber mit veränderter Bekleidung.

Was bei unserem zweiten Anlauf, uns abzumelden, geschah, ist letztlich bis heute nicht restlos verarbeitet. Das Rathaus war für Besucher geöffnet, der Aufkleber am Sprechloch der Pförtnerloge fleckenlos beseitigt, der Insasse in der Loge ausgesucht freundlich. Zu allem Überfluss waren die für Wartende bereiten Stühle vor dem Ordnungsamt gepolstert und allesamt leer. Dass auf das Klopfzeichen ein fraulich-warmherziges »Herein« ertönte und der Abmeldevorgang selbst sich ohne jegliche Irritation, Körpervisitation, Vorhaltungen über private oder berufliche Verfehlungen bzw. Missachtung der Fegerichtung vollzog, war allerdings nur schwer zu verkraften. Welches Glück, dass wir uns zu zweit auf diese Bühne begeben hatten! Nun waren wir wenigstens in der Lage, uns gegenseitig zu stützen.

Als unser psychisch-physischer Zustand allerdings auch in der Folge unverändert kritisch blieb, waren gute Nachbarn, Freunde und Verwandte zur Stelle. Mancher Rat wurde erteilt mit der Absicht, die gesundheitliche Lage von uns beiden Abgemeldeten wieder zu stabilisieren: Einreiben mit Venensalbe, dosiertes Jogging, auch manches homöopathische Mittel, selbst die Nutzung des Eigenurins wurden vorgeschlagen. Selbstverständlich wurde auch ärztliche Hilfe unterschiedlichster Art reichlich in Anspruch genommen. Indes, Spuren des Geschehens und seiner Wirkungen haben sich tief in die Haushaltskasse, den Arzneimitteletat und natürlich in unsere Körper und Seelen eingefressen.

Eine gewisse Ambivalenz war die Folge: Einerseits war es natürlich schwierig, mit einer derartigen Belastung auf und unter dem Buckel umziehen zu wollen. Andererseits aber war die Vorfreude riesig, bald in einem »Weltdorf der Kunst« Einzug halten zu können. Hinzu kam ja bekanntlich die uns schon in den ersten Worpsweder Tagen offerierte Aussicht, hier unter unseresgleichen, also Halbbekloppten sein zu dürfen.*

Das machte uns Mut und Hoffnung auf den Anfang. Und hatte nicht um 1900 einmal Carl Hauptmann, der Bruder des noch berühmteren Gerhart Hauptmann, begeistert an seinen Freund Otto Modersohn geschrieben »Wenn ich noch keine Heimat hätte, bliebe ich gewiss nirgend lieber als in Worpswede«? Und Paula Modersohn-Becker hatte diesem Jubel noch hinzugefügt: »Hier gibt‘s kein Leben. Hier ist‘s Traum.«** Also, frisch gewagt und hin zum schmucken Rathaus in Worpswede!

---

* Siehe dazu »Willkommen in Worpswede«, S. 25.

** Tagebucheintrag Paula Beckers, undatiert. In: Bohlmann-Modersohn, M.: s. Anm. S. 26, dort S. 74.

Der erste Eindruck war wohltuend. Gestärkt durch euphorisierende Medikamente wurde der Weg Richtung Rathaus, vorbei an den herrlichen alten Höfen, eingeschlagen. Dort am Gebäude leuchtete das Grün des Rasens noch grüner, das Rot der Backsteine noch roter und sogar die harten Stühle verloren ihre Härte. Als wirkliche Geburtsdeutsche hatten wir uns, versehen mit genügend Formularen und säuberlichen Stempeln sowie Unterschriften, punktgenau zur Öffnungszeit eingefunden. Da sich aus unserem akademischen Vorleben noch die Gepflogenheit des sogenannten akademischen Viertels im Langzeitgedächtnis gespeichert hatte, ließen wir uns auch nicht davon irritieren, dass sich Totenstille im gesamten Baukomplex breitgemacht hatte.

Angesteckt von dieser kirchenähnlichen Atmosphäre verfiel meine Frau in eine mir sonst wenig vertraute Flüstersprache – was mich wiederum veranlasste, sie in normaler Lautstärke auf dieses merkwürdige Verhalten aufmerksam zu machen. Nicht beachtet hatte ich dabei den Halleffekt des eindrucksvollen Treppenhauses, wobei die Lautstärke meines Organs um einige Phon in die Höhe getrieben wurde und schließlich eine donnerhallähnliche Qualität erreichte. Dieser Vorfall hatte ein hörbares (missfälliges?) Räuspern in dem nächstliegenden Zimmer zur Folge, was andererseits bei uns die Sicherheit nährte, dass jenes Zimmer besetzt und sein Personal noch nicht in den verdienten Morgenschlummer verfallen wäre.

Nach Ablauf der akademischen Frist wagten wir einen Vorstoß. Wir klopften mutig an besagte Tür, auf das »Herein«, ob nun geräuspert oder gehaucht, hoffend. Als diese Hoffnung nicht erfüllt wurde, nutzten wir unsere Tollkühnheit für den Moment und steckten die Köpfe in den geöffneten Türschlitz. Als wir schon wieder auf den harten Stühlen vor der Tür saßen, wurde uns bewusst, dass wir irgend etwas falsch gemacht hatten. Natürlich hatten wir übersehen, dass wir uns ja in Deutschland befanden. Und in diesem Lande ist es gute Tradition, dass man vor Amtszimmern solange zu verharren hat, bis der Einsitzende sich ausgeräuspert hat und deshalb stimmlich in der Lage ist, das »Herein« ohne den Frosch im Halse rufen zu können.

Nach einer angemessenen Schamfrist erschallte denn auch jenes Signal, überraschenderweise jedoch in der Form von »Jetzt ist frei!« Ein wenig irritiert über die sprachliche Form des Aufrufs, weil wir ja nachweislich keine Toilette aufsuchen wollten, betraten wir angemessenen Schrittes den wohlduftenden Raum. Aufgrund des Wohlgeruchs stellte sich sekundenschnell Klarheit darüber ein, dass es sich wohl um ein Büro und eben keine Toilette handeln müsste. Unser Eindrucksurteil wurde auch dadurch verstärkt, dass der Teller zur Ablage kleiner Münzen fehlte. Im Übrigen sah die Angestellte auf der anderen Seite der Barriere auch mehr einer deutschen Beamtin als einer anatolischen Toilettenwärterin ähnlich. Nach Durchsicht der dargereichten Unterlagen stellte diese routiniert und prägnant fest, dass wir hier zwar richtig, aber dennoch falsch wären.

Mit Rücksicht auf die bei uns eingetretene Verwirrung und den erkennbar desolaten Gesundheitszustand hob jene zu einem brillanten Kurzreferat an. Kern ihrer Ausführungen war, dass wir als potentielle Neubürger vorübergehend zu Erdenbürgern zurückgestuft werden müssten und derzeit noch keine Aufnahme in ihrer Kartei finden könnten – und schlimmer noch, auch keines Stempels auf Amtspapier für würdig befunden werden könnten. Verantwortlich für jenes Verdikt waren keinesfalls, wie vorschnell vermutet werden könnte, der Halleffekt und die Räusperantwort, noch nicht einmal das unerbetene Eintreten – nein, verantwortlich war, dass wir uns in unserem früheren Wohnort vorzeitig abgemeldet hatten und wir deshalb hier am Ort erst nach Ablauf des früheren Abmeldedatums Zuflucht finden könnten. Sie selbst wäre zwar zur Großzügigkeit der Einbürgerung mit einer Vordatierung in der Lage – allein, ihr Computerprogramm ließe diese Freiheitsgrade keineswegs zu.

Bedrückt, aber immerhin gestärkt in der Zuversicht, dass wir nach der bürokratischen Zwischenlagerung als Erdenbürger ohne direkte Heimat doch der Aufnahme als Neubürger in Worpswede teilhaftig werden könnten, verließen wir das schöne Rathaus. Nach elf heimatlosen Tagen und vor allem Nächten, die uns fast zu Vagabunden hatten werden lassen, versehen mit wertlosen Papieren, wagten wir erneut den Schritt in Richtung der Amtsstube. Alles war schon so vertraut. Aber anders als beim ersten Mal waren diesmal noch Mitbewerber anwesend. Diejenigen, die vor uns an der Reihe gewesen waren, hatten ihre Abreibung in Form des Räusperns schon hinter und den Aufruf: »Jetzt ist frei!« noch vor sich.

Als Erfahrene nutzten wir unser inzwischen erworbenes Herrschaftswissen und die eigene Wartezeit dafür, die später Kommenden in die exakten Abläufe einzuweisen. Selbst Tipps zur angemessenen, phongedämpften Sprechweise wurden bereitwillig angenommen. Die Absolventen sind uns beiden damaligen Ratgebern noch heute nach Jahren der Akklimatisierung im neuen Biotop dankbar.

Übrigens: Im Rathaus wird überlegt, ob man das bewährte Aufnahmeritual noch bürgerfreundlicher gestalten kann, vor allem, ob und wie man den Computer zu einem normalen Menschen, sprich: zu einem deutschen Beamten umerziehen könnte.

Ein Stern für Worpswede

Worpswede gilt bekanntlich als Leuchtturm. Das wird allseits begrüßt. Doch man weiß auch, dass es am Fuße eines Leuchtturms dunkel ist. Glücklicherweise kann man in Worpswede mit diesem Manko souverän umgehen. Man setzt architektonische Glanzlichter. Über ein besonders schönes soll hier berichtet werden.

Nach Monaten bangen Wartens war die Entscheidung endlich gefallen: Worpswede bekommt ein Schloss! Ja, Worpswede bekommt ein Schloss! Alles war bestens arrangiert. Das Rathaus trug dezenten Fahnen- und Blumenschmuck, der Sonntag einen strahlend blauen Worpsweder Himmel. Ein Hymnus begrüßte die erwartungsfrohen Gäste, bevor die Orgie der Ansprachen ausbrach. Man hatte gelernt aus Berlin und dem feierlichen Rahmen, der die Jahrhundertarbeit der Hartz-Kommission zu einem Jahrhundertereignis hatte werden lassen. Was dort der prächtige Französische Dom, war hier die viel gediegenere Rathausdiele. Was dort der redegewandte Bundeskanzler, war hier der freudig erregte Bürgermeister. Beide hatten sich vorher einem Friseur ausgeliefert.

Aber Berlin war und ist nicht in allem beispielgebend. Besonders in der im Folgenden in Rede stehenden Sache des Schlossbaus nicht. Was sich dort mit dem Gerangel um den Wiederaufbau des Schlosses bereits über Jahre hingezogen hat, konnte hier durch die bewährte Zusammenarbeit der vielen Volksparteien und gewisse Vereinfachungen von Verwaltungsentscheidungen beschleunigt auf den Weg bzw. zur Abschlussfeier in die Rathausdiele gebracht werden.

Was in Worpswede an gediegener Feierlichkeit einschließlich der wohlfein bereiteten Häppchen in den Reden und auf den Tellern geboten wurde, war schon mit jenem Staatsakt im Französischen Dom zu Berlin vergleichbar. Besonders eindrucksvoll gelang es dem festlich redenden Bürgermeister, die Basis von Wirtschaftlichkeitsprognosen für den Worpsweder Prachtbau zu erläutern. Jedem musste jetzt endlich einleuchten, selbst jenen in einem Gemeinwesen penetrant vorhandenen Nörglern, dass hier ein Jahrhundert-Bauwerk mit einer Magnetwirkung entstehen würde. Sein Anblick würde die Menschen aus nah und fern in Entzücken versetzen.

Mit großem Ernst konnte der Bürgermeister besonders auf einen Sachverhalt aufmerksam machen, der für ihn als früheren Lateinschüler die Conditio sine qua non gewesen sei, nämlich, die unabwendbare Mitwirkung der Bürger und Bürgerinnen zu gestatten. Hier sollte erstmalig ein demokratisch legitimiertes Schloss entstehen und ein Beispiel dafür gegeben werden, dass die feudalen Herrschaftsstrukturen ein für allemal überwunden wären. (Das Protokoll registriert hier auf der rechten Seite der Zuhörerschaft Nachdenklichkeit bis Betroffenheit, von einigen Wohlerzogenen unter ihnen Höflichkeitsbeifall, jedoch lautstarken Jubel auf der eher gewerkschaftsnahen linken Seite des niedrigen Hauses.)

So einmal in Fahrt gekommen, konnte der Redner seinen Vorgängern im Amt mit einer gewissen Süffisance in ihre Stammbücher schreiben, dass es früher den Bürgern verwehrt worden war, ihre Vorstellungen und Vorbehalte in die Planungen einzubringen. (Das Protokoll vermerkt an dieser Stelle Beifall vor allem von der Seite des Hauses, die von den anwesenden Altbürgermeistern nicht eingesehen werden konnte.) Jetzt sei dies radikal anders: Das Schloss-Projekt sei dezidierter Ausdruck eines demokratisch verfassten Volkswillens und seines Geschmacks.

An dieser Stelle der Rede fügte es sich gut, dass der Amtschef die Anwesenden zu einer kurzen Gedankenreise animierte. Er bat sie, sich einmal möglichst mit geschlossenen Augen mit ihm gemeinsam auf die Reise zu begeben und sich vorzustellen, sie würden als Besucher nach Worpswede kommen. Was erwartete sie da an den jeweiligen Ortszufahrten?

Kämen sie aus Richtung Lilienthal-Worphausen, würden sie am Ortsrand zweier –

vor allem ästhetisch recht anspruchsvoller – Beiträge zur Architektur ansichtig: An der rechten Seite kühne Konstruktionen aus Bierkästen, anhand derer, angelehnt an den frühen und deshalb noch unverpackten Christo, schwierige Statikprobleme in der Architektur geklärt werden sollen. Und dann, ein Stück weiter, linksseitig auf dem Areal eines ehemaligen horizontalen Etablissements, im Volksmund auch als Puff bezeichnet, eine eindrucksvolle Brandruine, Sinnbild für die Vergänglichkeit allen fleischlichen Genusses.

Nähere sich der Besucher von der Grasberger Seite her, müsse er sich zurzeit noch mit einer schlichten Tankstelle begnügen, die jedoch dazu geeignet sei, auf die Grundbedürfnisse des modernen Menschen hinzuweisen. Aber, so versuchte er, Mut und Zuversicht zu verbreiten, vielleicht könne ja wenigstens gegenüber demnächst ein imposanter Mobilfunkturm errichtet werden, der die mit der Tankstelle angedeutete Modernität des Lebens dynamisch akzentuieren könne und mit dessen Bau die derzeit störende Grünfläche auf das trefflichste versiegelt werden könnte.

Käme der Gast aus Richtung Gnarrenburg-Hüttenbusch, so träfe er auf ein besonders breit gefächertes Repertoire an architektonischen Bravourstücken. Der Bürgermeister lobte die zurückhaltende Noblesse eines Alten- und Pflegeheimes, die eindrucksvoll-schlichte Blechkastenbauweise eines dezent in die Landschaft komponierten Gebäudekomplexes auf der früheren Schäfchenwiese und nicht zuletzt die formschönen Bauten größerer Supermärkte, deren Architektur dem eingängigen Prinzip folge: »Vier Ecken und ein Dach drauf«.

Schließlich bat der Vortragende noch darum, sich gedanklich von der Osterholzer Seite her in den Künstlerort zu begeben. Welche Bescheidenheit, ja erschreckende Armut an architektonischen Glanzlichtern, sähe man einmal von dem Haus des Malerheroen Fritz Mackensen am Susenbarg ab, das aber im Laufe der Jahrzehnte durch das ungestüme Wirken der Natur dem Blicke weitgehend entzogen sei. Nein, diese Seite des Worpsweder Ortszugangs sei sträflich vernachlässigt worden (und strafende Blicke trafen die Altbürgermeister). Höchste Zeit also, den lange gehegten Traum nach einem Schloss zu erfüllen und dieses Bauwerk an dieser Seite des Ortes zu platzieren.

(Da ein größerer Teil der Zuhörer offensichtlich dabei war, in seiner Gedankenreise andere Orte aufzusuchen und deshalb noch mit geschlossenen Augen verharrte, ein kleinerer Teil die Aufforderung zum Augenschließen therapeutisch als autogenes Training missbraucht hatte, wieder andere schließlich sogar eingeschlafen waren, vermerkt das Protokoll an dieser Stelle, dass der Beifall wenig spontan einsetzte und erst dann etwas stärker wurde, als durch ihn alle wach geworden bzw. gedanklich wieder präsent waren.)

Es kam einer perfekten Inszenierung gleich, dass nun ein Architektur-Historiker am Rednerpult Stellung bezog. Die vorangegangene Rede des Bürgermeisters muss ihn wohl derartig beeindruckt haben, dass seine Augen noch halb geschlossen waren, als er sich dem Publikum präsentierte. Auch seine Stimme befand sich anfangs in einem ergriffen-belegten Zustand. Sein Erscheinungs- und Zustandsbild stellte eine doppelte Gefährdung für alle jene dar, die zuvor recht unsanft geweckt worden waren und gerne noch die wohlige Wärme der Rathausdiele für eine längere Siesta ausgenutzt hätten. Indes, der Architektur-Historiker beherrschte sein Metier, und trotz seiner schwierigen Startbedingungen konnte er die architektur-historische Tiefendimension des Schloss-Projektes vor den immer wacher werdenden Zuhörern präzise herausarbeiten.

Im Mittelpunkt seiner Ausführungen stand die Erinnerung an Friedrich, Landgraf von Hessen-Eschwege, den Kennern auch bekannt als der »tolle Fritz« oder »Friedrich, der Fliegende«, nach dem Dreißigjährigen Kriege für einige Zeit Besitzer von Worpswede. Einerseits wegen der reichen Jagd- und Fischgründe, andererseits, weil er dringend Ruhe und Erholung brauchte, schmiedete er den Plan eines Schlossbaues am Weyerberg.

Und da er frisch mit der Schwester des Schwedenkönigs Karl-Gustav, nämlich Eleonore Katharina, verheiratet war, sollte es ein Lustschloss werden (was wiederum nicht recht zu seinem angeblichen Ruhebedürfnis passte). Immerhin kam die Sache in Gang, und zwar auf dem Gartenberg*, wo später der Niedersachsenstein hingestellt wurde.

Hellseherisch, wie Fliegende manchmal sind, muss er wohl geahnt haben, dass Worpswede gerade von der Osterholzer Seite her dringend ein Schloss brauchte, weil die anderen Seiten in späteren Generationen architektonisch schon hinreichend akzentuiert werden würden. Aber dumm, wie Männer manchmal auch sind, hatte Friedrich sein angebliches Ruhebedürfnis wohl falsch verstanden, begab sich deshalb auf den Kriegspfad und fiel 1655 im schwedisch-polnischen Krieg. Nun hatte er zwar Ruhe auf Dauer, seine junge Frau jedoch das Richtfest des Schlosses noch vor

---

* Über Landgraf Prinz Friedrich von Hessen-Eschwege, Graf zu Katzenellenbogen, Diez, Ziegenhain und Nidda und seine Beziehung zu Worpswede wird u.a. berichtet in: Gutmann, Hermann: Worpsweder Geschichte(n). Bremen 2002, S. 25–29.

sich und deshalb wohl überhaupt keine Lust mehr auf das Lustschloss.

Das Ergebnis ist bekannt: Das Lustschloss blieb – wie manche Neubauten heutzutage – Rohbau. Immerhin konnten die Steine wenigstens noch einen guten Zweck erfüllen. Sie mussten nämlich bis zum heutigen Tage für das Gerücht herhalten, dass aus ihnen etwa hundert Jahre später die Worpsweder Kirche gebaut worden wäre. (Was aber nachweislich Unsinn ist.) Auf der anderen Seite aber blieben der unerfüllte Traum – und die bedauerliche Leerstelle an der Osterholzer Seite.

Welch beglückende Idee von Rat und Verwaltung der Gemeinde fast 350 Jahre später, so der inzwischen hellwache Architektur-Historiker, das ortsbildprägende, sensible Gelände, das bisher nur biedere, bodenständige Architektur beherbergte, mit einem dem Friedrich-Bau wohl kongruenten, herrlich gegliederten, filigran ausgestalteten und sich geradezu an den Berg anschmiegenden Bauwerk zu verschönern. Mögen sich dessen Süd- und Ostfassade noch zurückhaltend geben und auch die Nordansicht aufgrund ihrer Rathausnähe mit einer bürokratischen Schlichtheit beschei-den, so sei die imposante Westfassade in ihrer gestalterischen Grandiosität geradezu ein Feuerwerk royalistischen Stilempfindens. Was dort, so der nun vor Begeisterung sprü-hende Redner, an verschwenderischen Far-ben, Formen und Flächen zu einem orgiasti-schen Gesamtkunstwerk arrangiert werde, sei an Brillanz schwerlich zu überbieten.

Wie nüchtern und nachgerade erbärm-lich-ärmlich nähmen sich dagegen die orts-bildprägenden Bauten von architektoni-schen Stümpern wie Bernhard Hoetger, Heinrich Vogeler oder Walter Müller aus. Mit dem projektierten Bau würden nicht nur die Sehnsüchte der Menschen erfüllt, nein, es würden neue Dimensionen einer archi-tektonischen Begrüßungskultur erschlossen und bisher noch nicht denkbare Horizonte für die Worpsweder Architektur aufgetan.

Dass der Vortragende in diesem Zusam-menhang zu einem Exkurs ansetzte und den Worpsweder Schlossbau auch architektur-historisch mit den Bauten Ludwigs II. in Ein-klang brachte, ließ die Königstreuen unter den

Zuhörern ganz wach werden, einen von ihnen sogar laut »Bravo« rufen, andere wiederum sich verstohlen manche Träne aus den Augen wischen. (Das Protokoll registriert an dieser Stelle zugleich einen anhaltenden Schlussapplaus, das Erheben aller und die Intonation der Kaiserhymne.)

Einer Abordnung, eskortiert von Fahnenträgern und Blumen streuenden Kindern, war es dann noch vorbehalten, den Weg zur Baustelle zu gehen. Untermalt von einem Alphornstoß wurde eine bronzene Tafel enthüllt, die den bisher verschwiegenen Namen des Bauwerks offenlegte: »Stern von Worpswede«.

P.S. Unmittelbar vor der Fertigstellung dieses Beitrags erfuhr ich, dass das Schloss den volksnaheren Namen »Worpsweder Tor« tragen solle. Nach längeren Überlegungen habe ich dennoch keine textlichen Veränderungen vorgenommen. Als Begründung sei darauf verwiesen, dass aus der neuen Namensgebung nicht erkennbar ist, ob das oder der Tor gemeint wird.

Denkmalschutz*

Im Gegensatz zu den meisten Geschichten, die in diesem Buch enthalten sind, ist diese hier nicht nur zum Schmunzeln gedacht. Aber ohne ein bisschen Flunkerei kommt auch diese nicht aus. Immerhin aber behandelt sie ein sehr ernsthaftes Thema. Denn der Denkmalschutz ist und bleibt eine ernsthafte Angelegenheit, die leider auch in Worpswede nicht immer hinreichend beachtet worden ist.

Ausnahmsweise soll diese Geschichte einmal mit ihrem Ende beginnen. Es handelt sich dabei nicht, wie Sie meinen könnten, um ein ausgekochtes stilistisches Mittel, um Ihnen gleich am Anfang den letzten Rest von Neugier zu nehmen. Nein, hier soll ein Zeichen gesetzt werden gegen die in

---

* Dieser Beitrag ist unter der Überschrift »Nachgedacht! Ein (satirisches) Plädoyer für den Denkmalschutz« in einer textnahen Fassung schon einmal veröffentlicht worden, und zwar in: Heimatverein Worpswede (Hrsg.): Worpswede. Menschen, Bilder & Geschichten. Bremen 2022, S. 43–51.

Deutschland derzeit ach so schicke Hoffnungs- und Mutlosigkeit, dass nichts mehr ginge. Von wegen! Gerade im Bereich der Verschönerung werden und wurden überall erhebliche und erfolgreiche Anstrengungen unternommen, auch im Künstlerort Worpswede.

Blicken wir deshalb zurück in das Jahr 2004. Sogar der Worpsweder Himmel hatte sich in die Bekämpfung der Resignation eingeschaltet und ein faltenloses blaues Kleid angelegt. Selbst der Kalender hatte seine beste Jahreszeit und den schönsten Tag zur Verfügung gestellt. Es war also Mai und zudem Sonntag. Die Rhododendren blühten mit einer seltenen Fülle, und die Kirchenglocken läuteten, wobei – es soll hier ehrlicherweise erwähnt werden – weder das Blühen noch das Läuten direkt etwas mit dem Anlass zu tun hatten, um den es hier gehen wird. Sie bildeten nur eine freilich sehr willkommene Kulisse.

An der Dorfglocke vor dem schönen Worpsweder Rathaus hatten sie sich versammelt. Es war eine Schar von distinguiert ausstaffierten Damen und Herren mittleren oder noch höheren Alters, darunter einige Honoratioren des Künstlerdorfes. Dezent abgedunkeltes Tuch bestimmte die Kleidung. Die mitgeführten Gehhilfen, einige mit elfenbeinernem oder schildpattenem Knauf, sollten willkommen sein. Denn schließlich ging es zunächst darum, den kleinen Anstieg der Straße mit dem Namen Straßentor schadlos zu überstehen. Und in der Tat setzte sich die Schar, es mögen annähernd zwanzig Personen gewesen sein, in gebotenem Ernst in Bewegung, soweit die Gehhilfen eine hinreichend zügige Fortbewegung auf der mit Pflaster belegten Straße zuließen.

Entgegenkommende glaubten bei flüchtigem Blick, dass es sich vielleicht um das Fest einer Goldenen Hochzeit handeln könnte. In ihrer Auffassung bestärkt wurden sie, weil ja im Hintergrund die Kirchenglocken läuteten und der Fußmarsch der Gruppe in Richtung der Kirche ging. Merkwürdig war einzig, dass die Goldbraut nicht auszumachen war. Wenigstens war bei keiner der Damen ein goldenes Krönchen ins schüttere Haar geflochten. Verunsicherung allenthalben.

Sie, meine verehrten Leserinnen und Leser, wissen aber bereits, dass die Kirchenglocken mit dem Geschehen nichts zu tun haben. Deshalb brauchen Sie sich auch keine Gedanken über die angeblich nicht vorhandene Goldbraut zu machen. Sie verfolgen stattdessen den Weg der stummen Prozession weiter. Nur das schwere Atmen einiger durchbrach die Stille.

Ein erster, von allen begrüßter Haltepunkt wurde nach einer scharfen Linkskehre beim Erreichen der Findorffstraße eingelegt. Hier, wo früher einmal die Slottschün* gestanden hatte und jetzt einige

---

* Die sogenannte Slottschün (Schlossscheune), ebenfalls ein beliebter Künstlertreff, früher am Ausgang der Straße »Straßentor« im Übergang zur heutigen Findorffstraße gelegen, geht wahrscheinlich auf den nicht fertiggestellten Bau eines Lustschlosses von Landgraf Prinz Friedrich (s. den vorherigen Beitrag) um das Jahr 1650 herum zurück. Die Slottschün wurde 1938 im Zusammenhang mit dem Straßenbau Osterholz-Worpswede und dem tiefen Einschnitt in die Straße abgerissen.

nüchterne Zweckbauten stehen, bildeten die Versammelten einen Kreis, verharrten einige Minuten in ergriffenem Schweigen und setzten dann, offenbar wie durch ein geheimes Zeichen aufgefordert, ihre Gehhilfen und die übrigen Bestandteile ihrer Existenz in Bewegung.

Der nächste Haltepunkt war eigentlich nur einen Steinwurf entfernt. Da die Versammelten es aber aus den unterschiedlichsten Gründen für unangemessen hielten, mit Steinen zu werfen, mussten sie sich nicht zu einer derartigen Übung hinreißen lassen. Stattdessen konnten sie bereits nach wenigen Schritten andächtig ein zweites Mal einen Kreis formen. Der dazu auserwählte Platz gehörte zu einem nagelneuen Hotelkomplex, der hier das ehemalige »Deutsche Haus«* ersetzte. Gut, dass die Kirchen-

---

* Das Deutsche Haus, bis zum Ersten Weltkrieg »Hotel Stadt London«, hatte über lange Zeit den Ruf des »ersten Hauses am Platze«. Auch von den Künstlern wurde es als beliebter Treff genutzt. Das schöne Fachwerkhaus wurde im Jahre 2001 abgerissen, um für einen Hotelneubau, das »Worpsweder Tor«, Platz zu schaffen.

glocken immer noch ihren Ruf erschallen ließen und deshalb das andachtswidrige Keuchen, Röcheln und Abhusten einiger mildtätig übertönten.

Das schwierigste Stück des Weges, die gefahrvolle Überquerung der Findorffstraße und der nahezu alpine Treppenaufstieg in Richtung des Kirchplatzes neben der alten Schule, stand im Anschluss auf dem geheimnisvollen Wegeplan. Dass bei diesen Manövern keine nennenswerten Verluste an Personen und Material eingetreten waren, wurde allseits beifällig aufgenommen. Selbst der Verlust einer Gehhilfe, die von einem empörten Teilnehmer einem autofahrenden Raser hinterhergeworfen worden und dabei zu Bruch gegangen war, konnte durch partnerschaftliches Nutzen einer Schulter ausgeglichen werden. Auf diese Weise in der Gemeinschaft gefestigt, konnte nunmehr am letzten Haltepunkt, dem schlichten Parkplatz, wo früher die Pastorenscheune*

---

* Die Pastorenscheune entstand im Zusammenhang mit dem Bau der Zionskirche (1759) im Jahre 1778. Sie diente zunächst als Wirtschaftsgebäude

gestanden hatte, der Schlussakt vollzogen werden. Bevor man sich zum dritten Male kreisförmig formierte, wurde noch einmal kräftig durchgeschnauft und gehustet sowie die Kleidung gerichtet. Aber auch hier, wie stets zuvor, andachtsvolle Einkehr, jetzt noch verstärkt durch das Schweigen der Kirchenglocken. Ein vertrauensvoller, vielsagender Blick in die Augen, dazu manch knapper Händedruck. Es war vollbracht, in Würde, ohne unnötigen Zierrat, vor allem ohne die lästigen Ansprachen.

Mag sein, verehrte Leserin, verehrter Leser, dass Sie jetzt ein wenig verwirrt dreinschauen und es den verspäteten Gottesdienstbesuchern gleichtun, die an den Versammelten vorbeihasteten und wegen des eigenartigen Gehabes den Kopf

---

und Stallung, daneben aber in späteren Jahren als Kramladen, Gaststätte, für den Schul- und Konfirmandenunterricht, auch als Maleratelier, so z.B. für Otto Modersohn (1865–1943). Der Fachwerkbau wurde 1959 abgerissen, weil man sich hinsichtlich seiner Nutzung nicht einig werden konnte und das marode Gebäude die Festlichkeiten zur anstehenden 200-Jahrfeier der Kirche störte.

schüttelten. Aber Sie wissen ja wenigstens mehr als jene Kirchgängerinnen und Kirchgänger. Sie haben bisher quasi als Zaungäste an einer Veranstaltung teilgenommen, deren Teilnehmende an drei Stellen andächtig verharrten und die sich jetzt so geheimnisvoll, wie sie gekommen sind, auch wieder voneinander trennen. Sie mögen sich fragen: Habe ich etwa einem Treffen von Magiern oder Geheimbündlern beigewohnt?

Weit gefehlt! Sie haben an dem erstmalig begangenen Tag des unsichtbaren Denkmals teilgenommen. Versammelt waren Denkmalschützer, die meisten von ihnen, wie Sie gelesen haben, ein wenig unbeweglich geworden mit den Jahren. Nun, vielleicht hätte diese Geschichte doch vom Anfang her erzählt werden müssen. Sei's drum. Es soll jetzt in aller Kürze und mit der Bitte um Entschuldigung nachgeholt werden.

Begonnen hatte nämlich alles schon vor Jahren. Im Rat der Gemeinde war von den geschichtsbewussten Mitgliedern aus einer randständigen Fraktion der Antrag gestellt worden, auch den Denkmalschützenden nach deren jahrelangen Bemühungen im Künstlerort ein würdiges Denkmal zu errichten. Was im ausgehenden 18. und im 19. Jahrhundert den Anhängern Findorffs, den Lutheranern oder dem Kriegerverein* gelungen war, nämlich Denkmäler aufzustellen, das sollte nun für die verdienten Denkmalschützenden doch wohl auch möglich sein. Im Grunde genommen hätte dieser Antrag sofort die nötige Mehrheit finden können. Leider aber war er, wie so viele Anträge, immer von jener

---

* Gemeint sind hier:

a) das Findorff-Denkmal, ein Obelisk, der nach dem Tode des Moorkommissars Jürgen Christian Findorff (1720–1792) im Jahre 1799 von Freunden und Verehrern auf dem Findorffberg, einem Hügel des Weyerbergs, errichtet worden ist;

b) das Luther-Denkmal, ein Obelisk, der in Nähe des Eingangs zum Friedhof aus Anlass des 400. Geburtstages des Reformators im Jahre 1883 von der Kirchengemeinde aufgestellt worden ist;

c) das Krieger-Ehrenmal, das wenige Meter neben dem Luther-Denkmal am Hang zur Findorffstraße hin im Jahre 1906 für die Gefallenen im Kriege 1870/71 vom Kriegerverein errichtet worden ist. Dargestellt ist St. Georg. Das Denkmal, die Replik einer Statue des berühmten Bildhauers Donatello (1386–1466) in Florenz, soll auf Anregung Fritz Mackensens aufgestellt worden sein.

merkwürdig verbohrten Fraktion hergekommen. Also musste der Antrag erst einmal in den dafür vorgesehenen Ausschüssen und Unterausschüssen beraten werden.

Erfreulicherweise wurde der Antrag dann, zwar wortgleich, aber wenigstens nicht mehr auf diesem umweltschonenden, grauen Papier, von den beiden größten Fraktionen im Rat vorgelegt. Da er nun von der Mehrheit eingebracht wurde, sah sich die Minderheit geradezu brüskiert und aufgefordert, den Antrag, der auf umweltschädigendem Glanzpapier geschrieben war, vehement abzulehnen. Immerhin war das Abstimmungsergebnis eindeutig. Das Denkmal konnte also gebaut werden.

Doch halt! Zunächst musste die Findungskommission eingesetzt werden, bestehend aus den jeweiligen Expertinnen und Experten für den Landschafts-, Baum-, Verwitterungs-, Vogel-, Geschichts-, Frauen-, Migranten- und Grundwasserschutz. Die mit einschlägigen Denkmalserfahrungen ausgestatteten Findorffianerinnen und Findorffianer, Lutheranerinnen und Lutheraner sowie Kriegerinnen und Krieger entsandten ihre Vertreter mit beratender Stimme. Den Vertreterinnen und Vertretern des Schützenvereins, der Brieftaubenzüchter und des Besamungsvereins wurde ein Gaststatus eingeräumt. Einem Mitwirkungsantrag durch einen anonymen Alkoholiker konnte nicht entsprochen werden, da das Alkoholproblem schon durch andere Kommissionsmitglieder hinreichend abgedeckt werde. Federführend, das heißt in diesem Falle des Schreibens in der freien Feldmark kundig, fungierte selbstverständlich ein herausragender Vertreter aus dem Bereich des Denkmalschutzes. Seiner Stimme sollte bei Stimmengleichheit die ausschlaggebende Wirkung zuerkannt werden.

Mit Verve begab sich die Kommission auf die Suche nach einem geeigneten Standort für das Denkmal. Ihre wöchentlichen Treffen auf dem Parkplatz an der Großen Kunstschau führten regelmäßig dazu, dass sich ihnen irrtümlich auswärtige Besucher zugesellten in der irrigen Annahme, es handele sich um den Beginn der Ortsführung

»Vom Bauerndorf zur Künstlerkolonie«. Jeder Winkel des Ortes wurde in Augenschein genommen, kein Platz in Wald und Feld blieb unbeachtet.

Alle Merkmale der potentiellen Standorte wurden sorgfältig registriert, so unter anderem die Bodenbeschaffenheit, der pH-Wert, der Einfallswinkel des Sonnenlichts, die Maulwurfshügeldichte, die Erosionsanfälligkeit, der mögliche Schutzbedarf von Mäusen und Regenwürmern, in baumbestandenen Arealen natürlich die Abgängigkeit der Bäume, die Humusdichte, die Windbruchgefahr, die Phonbelastung durch Vogelgezwitscher, das Nist- und Balzverhalten von Tier und Mensch. Es kam eine Menge Material zusammen, was dann in zäher Kleinarbeit innerhalb der beteiligten Fraktionen, Vereine und Interessentengruppen ausgewertet wurde.

Die Arbeiten gingen so zügig voran, dass schon innerhalb von weniger als zweieinhalb Jahren eine erste Generaldebatte im Rat der Gemeinde stattfinden konnte. Einvernehmliche Absicht war jedoch, sie in diesem Stadium noch ergebnisoffen zu führen. Dennoch kam es zu einem gewissen Eklat: Der stimmführende Vertreter der Denkmalschützer, der sich während der Standortsuche durch Schweigsamkeit einerseits wohltuend, durch die vergebliche Suche nach seinem Schreibgerät andererseits aber störend bemerkbar gemacht hatte, stellte unvermittelt den Antrag, einmal in der Denkmalsgestaltung völlig neue Wege einzuschlagen. Sein Vorschlag gipfelte in der Forderung, ein möglichst unauffälliges Denkmal zu errichten. Er erinnerte in diesem Zusammenhang an die jahrelangen (und eigentlich immer noch nicht ausgestandenen) Querelen um den Bau und die Gestaltung des Niedersachsensteins.*

* Der Niedersachsenstein, auf einem Plateau des Gartenberges am Süd-Westhang des Weyerbergs gelegen, wurde von Bernhard Hoetger (1874–1949) gebaut und 1922 als Mahnmal für die Gefallenen des Ersten Weltkriegs eingeweiht. Die massige expressionistische Plastik war sehr umstritten. Ihre Gegner, darunter besonders der Worpsweder Maler Fritz Mackensen (1866–1953), versuchten unter den Parolen »Nie der Sachsenstein!« bzw. »Nieder, Sachsenstein!«, das Bauwerk zu verhindern.

Seiner Meinung nach hätte dieses Mahnmal eine viel intensivere Wirkung, wenn es – wie schon Mackensen, bekanntlich der Entdecker Worpswedes, gefordert hatte – gar nicht erst gebaut worden wäre.

Der Vorschlag löste erregte Diskussionen aus. So mancher Hals musste geschützt werden wegen der griffbereiten Hände von Widersachern. Als jedoch der schlimmste Pulverdampf verzogen war, gewann die Vernunft Oberhand. Sie hatte die Gestalt des Gemeindekämmerers, ruhig, sachlich, ein wenig Schalk in den Augen. Er verwies darauf, dass er sich sehr wohl mit dem Vorschlag aus dem Munde des Denkmalschützers einverstanden erklären könne. Ja, auch er möchte für ein unauffälliges, sogar unsichtbares Denkmal plädieren. Er sähe einerseits einen erheblichen Einspareffekt, andererseits eine geradezu ideale Möglichkeit, dem Denkmalschutz in der ganzen Vielfalt seiner Leistungen gerecht zu werden. Auf diese Weise könne man sogar dem Denkmalschutz an allen Stellen seiner verdienstvollen Arbeit Denkmäler setzen.

Die Verblüffung war groß. Um ihrer Herr zu werden, wurde die Sitzung vertagt. Ein Unterausschuss des Bauausschusses wurde beauftragt, die Plätze festzustellen, an denen möglicherweise die unsichtbaren Denkmäler errichtet werden könnten. Man war sich schnell einig. Es sollten jene Orte sein, an denen der Denkmalschutz seine größten Erfolge hatte feiern können. Angefangen werden sollte bei der Slottschün, beim Deutschen Haus und bei der Pastorenscheune – allesamt Gebäude, die es ohnehin nicht wert gewesen waren, der Nachwelt erhalten zu werden.

Meine sehr verehrten Leserinnen und Leser, damit sind wir wieder fast am Anfang der Geschichte angekommen. Der Kreis hat sich geschlossen. Lassen Sie uns in Stille und Würde der abgerissenen Gebäude gedenken und dafür werben, dass noch mehr unsichtbare Denkmale für den Denkmalschutz entstehen. Drei sind in Worpswede bei Weitem nicht genug. Finden Sie nicht auch?

Übrigens: Der Ruf ist erhört worden. Das traditionsreiche Hotel »Stadt Altona«,* in dem die ersten Worpsweder Künstler auf Zeit ihre Unterkunft fanden und in dem später das gern frequentierte Restaurant »Landhaus Worpswede« eingerichtet worden war, wurde ebenfalls abgerissen und 2014 durch einen dringend notwendigen Drogeriemarkt ersetzt.

---

* Das Anwesen repräsentiert ein Stück Worpsweder Geschichte. Ursprünglich wohnte hier ein Seilermeister, der lange Seile auf der nahen Spindelbahn herstellte. Danach richtete sich ein Bäcker ein, der den Künstlerinnen und Künstlern Mittagstisch und billige Unterkunft bot. Später konkurrierte das Haus als Hotel »Stadt Altona« mit dem Hotel »Stadt London« sowie mit dem Hotel »Stadt Bremen«. Als Restaurant »Landhaus Worpswede« fiel es schließlich dem Abriss anheim.

Dichterlesung

Seitdem sich die Künstlerinnen und Künstler in Worpswede heimisch machten, konnte die schreibende Zunft nicht ausbleiben. Sei es, dass einige von ihnen den Künstlerort in ihr Besuchsprogramm aufnahmen – wie zum Beispiel Gottfried Benn – oder sich gar für eine Zeit hier niederließen – wie etwa Rainer Maria Rilke. Auf jeden Fall bereiteten sie den Boden, auf dem ihre Nachfolger zu immer neuen dichterischen Höhenflügen ansetzen. Über einen wird im Folgenden berichtet.

Alles war vorzüglich gerichtet: Der Worpsweder Himmel hatte seine Feiertagskleidung angelegt, blau mit hübschen Kumuluswolken. Bürgersteige und Fahrbahnen waren von den Hinterlassenschaften der Tourismusindustrie, selbst der Hunde aufs Beste befreit. Auch die Parkanlagen wiesen Wimbledonqualität auf. Die Übereifrigen, wo gibt es sie nicht unter den Einwohnern, hatten sogar ihren Vorgärten, Rasenkanten und Eingängen, Ehe- und gleichgeschlechtlichen Lebens-Partnern, Kindern und Kegeln den letzten Schliff gegeben. Nichts, aber auch rein gar nichts konnte den geübten, kritischen Blick verletzen.

Die Emsigkeit galt der schon seit Wochen den ganzen Ort in helle Aufruhr versetzenden Lesung des berühmten Lyrikers. Die stets Eingeweihten wollten sogar wissen, dass jener ersehnte Gast auf der Vorschlagsliste für den Literatur-Nobelpreis stünde. Um so weniger wollte man ihm in diesem Daseinsstadium irgendwelche Blickverletzungen in der Gestalt mangelhaft gewässerten Rasens, ungenau geschnittener Kanten, unfrisierter Lebensabschnittsbegleiter oder gar eingedunkelter Bewölkung über dem Weyerberg bieten.

Diejenigen, die per langfristiger Vorbuchung in den Genuss der Lesung kommen durften, waren höflich darauf hingewiesen worden, den Veranstaltungsort frühzeitig aufzusuchen. Auf jeden Fall sollte – so war von den Insidern zu vernehmen – genügend Zeit bleiben, vor dem Eintreffen des Dichters eine Stoßlüftung durchführen zu können, um die Erregungsdünste der Zuhörerschaft zu vertreiben. Es gab Kunde davon, dass der berühmte Mann sich anderenorts aufgrund vorhandener Ausdünstungen einer Lesung verweigert hatte, weil er nicht nur um das Timbre seiner Stimme, sondern auch um die Reinheit seiner Lyrik fürchtete.

Der Saal, sonst ein nüchterner, generationenübergreifender Ausstellungsraum für die alten, noch älteren und uralten Worpsweder, war in gedämpftes Licht gehüllt, dem ausnahmsweise erlaubt worden war, vorsichtig von außen in den Raum hineinströmen zu dürfen. Um seine Strömungs- und Strahlungsintensität auf das dem Lyriker und seiner Lyrik zuträgliche Maß einzustellen, hatte man vorsorglich cremefarbige Vorhänge anbringen lassen. In einem Probelauf, den man unter Rückgriff auf eine aktuelle CD mit den Werken und der Stimme des Dichters durchgeführt hatte, war es weder zu Rissbildungen in den Wänden noch zu irgendwelchen anderen gravierenden Schäden oder Verwerfungen gekommen. Lediglich ein Bild war von der Wand gefallen, was sich jedoch – wie meistens bei Unglücken – polizeitechnisch schlicht als menschliches Versagen herausstellte. Der Nagel war von dem Gehilfen des Kustos krumm eingeschlagen worden, was ihm, dem Kustosgehilfen, mit einem strengen Verweis abgegolten wurde. Im Übrigen musste nach dem Probelauf lediglich noch ein Vorhang um exakt viereinhalb Zentimeter weiter ins Fenster gezogen werden.

Es muss nicht gesondert erwähnt werden, dass der Raum selbstverständlich mit geeigneten Blumenarrangements in eine dem Anlass gemäße Schönheit versetzt worden war. Allerdings musste größte Sorgfalt darauf verwendet werden, die Starkdufter unter den Blumen von vornherein zu eliminieren. Zudem musste – das wusste man vom Dichter – seine Lieblingsfarbe lindgrün arrangementprägend eingesetzt werden. Der dafür eigens durchgeführte »Contest of Flowers«, ein Wettbewerb für den Nachwuchs des Blumenbindergewerbes, hatte letztendlich zu den im Raum präsentierten und mit dem ersten Preis ausgezeichneten Arrangements geführt.

Selbstverständlich stand das erwartungsfrohe Publikum, den Hinweisen gemäß frühzeitig erschienen, diesen äußeren Gegebenheiten in nichts nach. Die Herren trugen dunklen Nadelstreifen, vereinzelt gedeckt grau mit aufhellenden Einstecktüchern. Auffallend bei den Damen war das Vorherrschen lindgrüner Stoffe, bezaubernd kombiniert mit vorwiegend cremefarbigen Hüten, dezentem Make-up und einem zurückhaltend-noblen Parfüm. Alles war also bestens arrangiert. Sogar das Stoßlüften konnte von den meisten Hüten auf ihrem angestammten Platz überstanden werden.

Nach einer knappen Viertelstunde andächtigen Verharrens, also nicht einmal eine halbe Stunde nach dem im Programm angesetzten Beginn, machte sich im Saal von hinten nach vorn wellenartig verlaufend eine freudig-gedämpfte Unruhe breit. Der Lyriker, eskortiert von dem Veranstalter, erreichte die Stuhlgasse. Beifall begleitete seinen gemessenen Schritt zu seinem Platz an einem kleinen, mit einer lindgrünen Decke verhüllten Tisch, allerdings auch Erstaunen darüber, dass er vollkommen anders aussah als auf der Einladungskarte. Zweifel über seine Identität wurden jedoch dankenswerterweise sofort ausgeräumt, denn der Veranstalter stellte den Dichter mit dem im Programm genannten Namen vor.

Kritisch wurde die Lage allerdings, als der Gast plötzlich während der ihm geltenden Laudatio des Veranstalters aufstand, sich kurz im Saale orientierte und als einige schon fürchteten, bereits das vorzeitige Ende der Veranstaltung erlebt zu haben, sich in Richtung eines der Fenster bewegte und es mit den knappen Dichterworten »es zieht« schloss. Dass er sich dazu aufraffte, erneut seinen Tisch aufzusuchen, wurde mit allgemeiner Erleichterung, spontanem Beifall und der Verwirrung des Veranstalters aufgenommen, der nun seinerseits völlig aus dem Konzept geraten war. Für das Publikum und den zugluftempfindlichen Dichter hatte dieser Zwischenfall aber den Vorteil des schnellen Endes der Begrüßung.

Bei einigen aus dem Publikum waren bereits bei dem spontanen Einschub des »Es zieht« die letzten Zweifel verflogen, ob es sich denn wirklich um den versprochenen Dichter handelte. Es war eindeutig seine Stimme, die sie ja von der CD her kannten. Diese vermeintliche Sicherheit wurde dann zur absoluten, als der Dichter, nachdem er sich noch für einige Minuten freigehustet hatte, zu seiner Lesung anhob.

In einem kurzen, freilich sachlich gehaltenen, dennoch fast ein wenig unterkühlt wirkenden Eingangsstatement, was bei Veranstalter wie Zuhörern die Ängste vor einem vorzeitigen Abbruch erneut nährte, machte er jeden im Raum darauf aufmerksam, dass er beabsichtige, angesichts der Kürze und des Bekanntheitsgrades seiner Gedichte diese grundsätzlich mehrmals, in der Regel zwei- bis dreimal, in einem Falle jedoch sogar viermal zu lesen. Er möchte jedoch darum bitten, seine Deklamationen nicht durch lautes Mitsprechen zu beeinträchtigen. Bei Publikum und Veranstalter machte sich dank dieser Worte Entwarnung breit, allerdings auch die Sorge, ob sich nicht doch bei einigen die Begeisterung durch hörbare Artikulation entlasten könnte.

Die Spannung im Raum war zum Greifen, als der Dichter das auf dem Tisch platzierte Buch, schätzungsweise 400 Seiten umfassend, zu sich heranzog und öffnete. Einige aus dem Publikum konnten der eigenen Erregung nur dadurch Herr werden, dass sie kurz aufstöhnten, andere wiederum, wohl eher die geübten Konzertgeher, kaschierten ihren Zustand mit kräftigen Hustenattacken. Die meisten agierten ihre Erregung jedoch unhörbar mit autogenen Formelübungen bei geschlossenen Augen aus. Ihr Vorbild machte flugs bei den Stöhnern und Hustern Eindruck, denn auch sie schlossen allesamt die Augen. Was dann einsetzte, lässt sich mit den Möglichkeiten der menscheneigenen Sprache nicht mitteilen. Es kann deshalb hier auch nicht weiter in Wörter oder gar Worte gefasst werden.

Die wenigen, die die Augen offenhalten mussten, weil sie sonst erfahrungsgemäß Gefahr laufen, sofort in einen schnarchbewährten Tiefschlaf zu verfallen, aber auch jene, die ihre geschlossenen Augen zwischendurch öffneten, um festzustellen, welche Uhrzeit es sei, konnten ergriffen sehen, dass der Dichter bereits nach einer knappen Viertelstunde ein gutes Drittel des dicken Buches bewältigt hatte. Als die nächsten den verstohlenen Blick zur Uhr wagten, war der Dichter schon im letzten Drittel des Buches angekommen. Als er schließlich die letzte Seite erreicht hatte, kannte das Aufatmen keine Grenzen mehr. Es verschaffte sich Entlastung durch lauten, für einige der Bilder an den Wänden gefährlich lauten Beifall.

Die anschließende Fragestunde wurde eingeleitet mit einer etwa zehnminütigen intensiven Schweigephase, die, wie Tage später die Presse schrieb, beredter Ausdruck der Ergriffenheit gewesen sei, also Symbolcharakter trage. Als die ersten der Zuhörer sich aus den Fesseln ihrer Ergriffenheit befreit hatten, entstand ein munteres Fragen und Antworten und damit besonders für jene, die den Dichter zum ersten Male gesehen hatten, die Möglichkeit, sich ein plastisches Bild von diesem Menschen und seiner Kunst zu machen. Aus dem bunten Strauß, der ihm – bevor er einen wirklichen vom Veranstalter bekam, den er großherzig ins Publikum warf – aus dem bunten Strauß also, der ihm fragend präsentiert wurde, seien hier nur die wesentlichsten Punkte herausgehoben. Sie verweisen zugleich in besonders anschaulicher Weise auf die ausgesuchte Qualität des Auditoriums, intime Kenner von Kunst und Literatur.

Geradezu als Eisbrecher in der ach so dichten Atmosphäre, die den Dichter umgab, diente dabei die Frage nach der genauen Aussprache des eigenartigen Dichternamens, nämlich ob er stärker guttural gelautet werden müsste, als der Fragesteller es vormachte. Als der Dichter bemerkte, dass er schon seit Kindheit darauf bestanden hätte, die Aussprache seines Namens in den vorderen Artikulationszonen anzusiedeln, war die bereits ausgesprochene Frage des nächsten beantwortet, der eigentlich wissen wollte, ob der Name des Lyrikers sein wirklicher Name wäre. Der Dichter beantwortete die Frage aber trotzdem, indem er bekräftigte, dass es sich wirklich um seinen Namen handelte, was allerdings nicht seinem elementaren Wunsch nach einem anderen Namen widerspräche.

In derart aufgelockerter Atmosphäre wagte sich eine weitere Fragestellerin, wohl Dentistin im Hauptberuf, an das heikle Thema heran, welche Zahncreme für das Entstehen von Lyrik des vorgetragenen Formats besonders förderlich wäre. Der Dichter musste die Fragestellerin enttäuschen. Selbst er wisse nicht auf alle Fragen eine befriedigende Antwort. (Die wenigen Gehässigen im Publikum vermuteten, dass der Dichter wahrscheinlich Gebissträger und daher Haftcremenutzer sei. Anhaltspunkte dafür gab es für diejenigen, die zwischenzeitlich die Augen geöffnet und dabei gesehen hatten, dass während einer Kurz-Ode sich das Gebiss des Unterkiefers gefährlich weit aus dem Munde des Dichters bewegt hatte.)

Ein ganz beherzter Zuhörer, der sich als eingefleischter Hebriden-Tourist zu erkennen gab, fragte den Lyriker, ob dieser tatsächlich schon einmal auf den Hebriden gewesen wäre, worüber er doch derart wunderbare Gedichte geschrieben hätte, oder ob bei ihm alles wie bei Karl May erfunden wäre. Der Dichter beschied den Fragesteller damit, dass er sich strikt weigere, mit Karl May verglichen zu werden. Um die entstandene Irritation beim Dichter zu besänftigen, stellte vorsichtshalber der Veranstalter selbst eine Frage danach, wie oft der Dichter am Tag und ob er auch während des Schlafes dichte. Der Dichter griff zum Wasserglas vor ihm auf dem Tisch, trank einen kräftigen Schluck und sagte aufklärend, dass er ständig, selbst im Augenblick des Trinkens, dichte, im konkreten Fall sei gerade ein zweizeiliges Werk über die Macht des Wassers entstanden. (Der spontanen Aufforderung aus dem Publikum zu einer Welturaufführung musste sich der Dichter versagen, um, wie er meinte, die verlegerischen Rechte und seine Verträge nicht zu verletzen.)

Die entstandene Enttäuschung wurde durch eine Zuhörerin mit einem Schlage beseitigt, die sich als Fan des Dichters offenbarte und sprachlich angemessen anmerkte, dass ihr immer, wenn sie seiner selbst oder seines Werkes ansichtig würde, die Haare zu Berge stünden, wie jetzt im Moment, wo sie an sein wunderbares Gedicht, den perfekten Einzeiler »Das Efeu schläft mit dem Baum« denke. Sie hatte nur die Bitte, der Dichter möchte diesen Vers möglichst dreimal sprechen, was er auch sofort tat, begleitet von einem tiefempfundenen Stöhnlaut und dem vorausgesagten Haaresträuben der Bittstellerin.

Einen besonders anhaltenden Widerhall fand die Antwort des Dichters auf die Frage nach der Zukunft seiner Dichtkunst. Er verwies darauf, dass sein Tun immer schwieriger und kraftraubender würde, weil er, wie er ja gezeigt habe, seinen großen Durchbruch der Fähigkeit verdanke, komplexe Zusammenhänge in eine sehr komprimierte Lyrik zu fassen. Die heute vorgetragenen Einzeiler seien hart erarbeitetes

Ergebnis seiner Entwicklung der vergangenen Jahrzehnte und die heute – scheinbar in den Pausen – auch vorgestellten Gedichte ohne Worte seien Wegwarten der für ihn bestimmten Zukunft als Lyriker. Sein vollkommenstes, das er heute sogar viermal geschwiegen hatte, das sei die Richtschnur seines dichterischen Handelns und zugleich Vermächtnis für die nachfolgenden Generationen.

In den nun aufkommenden Schlussapplaus mischten sich Bravorufe aus der Zuhörerschaft, auch Blumenwürfe, die das Podium sekundenschnell in eine bunte Blumenwiese verwandelten. Der einsetzende Ansturm in Richtung auf diese Wiese war ohnegleichen im wahrlich mit Dichtern verwöhnten Künstlerort. Viele hielten freudig erregt sein letztes Buch in Händen, aus dem die dramatische Entwicklung des Dichters nachvollziehbar wurde, die ganze Faszination der Einzeiler, die Brillanz der auf die Seite gesetzten Silbe oder gar das Wagnis der Einbuchstaber bis hin zu der Buntheit und Vielfalt der leeren Seiten mit den herrlichen

Oden an den Herbst oder über die Gewalt der Liebe in Patagonien.

P.S. Nach schwierigen Verhandlungen mit dem Verlag gestattet der Dichter im Folgenden den Abdruck seines Hirtengedichtes »Schafe in der Steppe« sowie dessen interessante Übersetzung ins Baschkirische.*

Schafe in der Steppe

(Ode ohne Worte; deutsche Fassung)

* Die Übersetzung der Ode ohne Worte ins Baschkirische war besonders naheliegend, da in der Kultur dieses Turkvolks die Schafe eine besondere Rolle spielen.

Овцы в степи*

(Ода без слов)**

---

* Schafe in der Steppe.
** Ode ohne Worte; baschkirische Fassung.

Das Fest der Schützen

Was in München die Wiesn, in Stuttgart der Cannstatter Wasen, in Hamburg der Dom, in Bremen der Freimarkt, das ist in Worpswede das Schützenfest. Da wird mal so richtig »die Sau« rausgelassen! Und interessant, das heißt erlebnisreich ist ein Besuch allemal. Und manchmal wird neben der Sau auch noch anderes rausgelassen. Zum Leidwesen der Betroffenen.

Immer am dritten Juni-Wochenende eines jeden Jahres wird von manch einem im schmucken Künstlerort am Weyerberg Kondition verlangt, wie sie normalerweise nur zum erfolgreichen Durchstehen der Tour de France oder des Iron-Man auf Hawaii vonnöten ist. Schon Monate vorher muss von allen unmittelbar Beteiligten ein behutsam aufgebautes Training absolviert werden. Regelrechte Camps werden eingerichtet.

Jahrelanger Forschung hatte es bedurft, bis endlich ein stimmiges Konzept entwickelt worden war, auf welche Weise die Trinkfestigkeit modernsten Ansprüchen genügen könnte. Am Ende stand ein ausgeklügeltes Intervalltraining mit einer wissenschaftlich exakt berechneten Mischung aus Bier und Schnaps, eingesprenkelten Jan Torfs* und auflockernden Gesängen des Worpswede- und des Niedersachsen-Liedes. Ziel dieser aufwendigen Prozedur ist das alljährliche Schützenfest. Wer es an seinen drei Tagen übersteht, gleicht einem Konditionswunder.

Aber auch die mittelbar Beteiligten bedürfen der Vorbereitung. Es sind vor allem zwei Gruppen: Eltern und Großeltern einerseits, die Anwohner des Schützenfestgeländes andererseits. Sich ihnen hier einmal zuzuwenden, ist ein Akt der Solidarität.

Zunächst zu den Eltern und Großeltern: Sie sind in den Tagen vor Ausbruch

---

* Jan Torf, benannt nach den vielen Jans, die den Torf nach Bremen schipperten, ist ein Kräuterbitter aus dem Teufelsmoor. Seine »harmonische Geschmacksfülle«, so verspricht es die Werbung, entfaltet sich besonders bei Raumtemperatur, so zum Beispiel im alkoholgeschwängerten Schützenzelt.

der Schützen-Ekstase völlig irritiert. Man erkennt sie leicht im Ort, wenn sie sich absolut verkehrswidrig verhalten. Obwohl es keine Ampeln gibt, laufen sie so über die Straße, als stünde ihre imaginäre Ampel ständig auf Grün. Sie sind Getriebene ihres Selbst und dem Verkehr hilflos ausgeliefert. Ihr Zustand ist gemeinhin beängstigend. Er rührt her von dem ungewohnt liebreizenden Verhalten ihrer Kinder bzw. Enkelkinder. Vorübergehendes Wohlverhalten gegen Ausstattung mit Taschengeld, so lautet das Koppelgeschäft aus Sicht des Nachwuchses.

Gerechterweise muss eingeräumt werden, dass dem gegenüber die Problematik der Anwohner eine andere Dimension erreicht. Sie fallen in der Zeit des Schützenfestes weder durch unangepasstes Verhalten im Verkehr noch durch das Herumschleppen von überangepassten Kindern auf. Aber auch sie haben einiges zu tun, was in diesem Falle vor allem abhärten meint. Gefordert ist dabei vor allem ihr Gehör. Nicht wenige besuchen deshalb im Vorfeld regelmäßig Veranstaltungen in der Music-Hall, jenem legendären Rock- und Poptempel im Ort. Hier kann man sein Trommelfell einem notwendigen Härtetest unterziehen. Die übrigen kaufen sich Ohrstöpsel. Sparsame belassen es bei Hygienewatte. Unbelehrbare oder krankhaft Geizige erreichen im Hörtest nach dem Schützenfest Werte, die nahe an der Taubheitsgrenze liegen.

Natürlich hat das Schützenfest auch für alle jene einen Reiz, die weder Eltern, Großeltern noch Anwohner sind. Das wussten schon die Altvorderen. Gemeint sind hier nicht zuletzt auch die berühmten Maler und Malerinnen. Kaum einer oder eine von ihnen ließ sich das Worpsweder Schützenfest als Sujet entgehen.

Und selbstverständlich gehören zu diesem Fest auch die anderen Menschen aus nah und fern. So auch meine Frau und ich. Mit stolzgeschwellter Brust hatten wir unsere besten Freunde eingeladen. Sie, die Großstädter, sollten einmal mit uns gemeinsam ein echtes Dorffest und zugleich ein Glanzstück der neuen Heimat ihrer Freunde kennenlernen.

Dass in jenem Jahr der norddeutsche Hochsommer geballt auf just jenes Wochenende fiel, an dem die Schützen ihren Höhepunkt erleben, war allerdings nicht vorauszusehen. Die Luft brannte, das Hauptzelt barst vor Hitze, Dunst und Qualm. Die Kapelle gab ihr Bestes, was besonders das Hörvermögen der Mitwirkenden und der ihnen Ausgelieferten stark strapazierte, bei einigen für den verbleibenden Rest ihres Daseins wohl dauerhaft ruinierte.

Trotz des wochenlangen Aufbau- und Konditionstrainings waren viele dem Erschöpfungszustand nahe. Offenbar waren sie konditionell nur auf die normalen winterähnlichen Verhältnisse des norddeutschen Sommers eingestellt worden. Sie mussten wohl oder übel das Handtuch werfen. Da sie jedoch keines dabei hatten, lagen sie allesamt recht friedlich zusammengerollt unter den zahlreich aufgestellten schattenspendenden Tischen. Ein friedvoller Anblick.

Glücklichen Umständen sei Dank, dass ihnen dabei nicht bewusst werden konnte, welche Erinnerung sie mit ihrem Zustand und Verhalten hätten wachrufen können. Und nur gut, dass an jenem Abend die beiden nörgelnden Maler aus Hamburg unabkömmlich waren (die Sie, verehrte Leserinnen und Leser, ja weiter vorn schon in meiner ersten Geschichte kennenlernen konnten). Sicher wären die beiden nach einem erneuten Protestbrief sofort ein zweites Mal gestorben. Und ich bin sicher, die hätten den festen Eindruck wiederum mit ins Grab genommen, dass eine derartige Schlafhaltung und -stelle unter dem Tisch in dieser Region die wohl übliche sei.

Aber es gab auch andere: Vor allem jene, die in diesem kritischen Zustand noch ihres Namens und Geschlechts gewiss waren. Sie hatten sich nicht irre machen lassen, sich vielmehr jetzt auf kleinere Gläser umgestellt. Schnaps statt Bier. Dadurch war es ihnen gelungen, ihre Hebelverhältnisse entscheidend zu verbessern, was sich wiederum deutlich steigernd in ihrer Trinkfrequenz bemerkbar machen konnte. Einige wenige aber hatten ihren Zenit merklich überschritten, fingen gar an, sich in überflüssige Händel und Raufereien einzulassen.

Erfreulich anders verhielt sich da ein sehr ruhiger Zeitgenosse in vollem Schützenornat; seinen Orden und Ehrenzeichen nach zu urteilen offensichtlich ein zielsicherer Schütze. Auch ihm hatten die Kapelle bezüglich seines Gehörs und die Witterung, gepaart mit Alkohol, bezüglich seiner Kondition erheblich zugesetzt. Seine Sprechweise war flüssig unartikuliert, so dass unsere Freunde aus der Großstadt glaubten, so höre sich das Plattdeutsche an. Das hervorstechendste Merkmal seiner Persönlichkeit aber war die Suche nach Nähe und Anlehnung. Er muss wohl früher an der Stelle, die er beharrlich nicht zu verlassen geneigt war, einen Pfahl angetroffen haben, geeignet, sich ihm in kritischen Zuständen – das bedeutet hier: bei einer überquellenden Blase – anvertrauen zu können.

Gut, dass an Stelle des imaginären Pfahls wenigstens unser Freund Position bezogen hatte. Eingedenk der wohl langjährig eingeübten Gewohnheiten mit seinem (meistens hölzernen) Gegenüber dauerte es dann auch – nach einem höflichen, aber letztlich unartikulierten Begrüßungszeremoniell mit dem diesmal merkwürdig weichen und beweglichen Pfahl – nicht lange, bis der Schütze an seinem Hosenlatz zu nesteln begann.

Angesichts der längst über den Ort des Geschehens hereingebrochenen Dunkelheit konnten von den Umstehenden die Einzelheiten der weiteren Abläufe nur im Nachhinein rekonstruiert werden. Auf jeden Fall muss wohl bald eine gewisse Erleichterung des Schützen eingetreten sein, denn sein befreiendes »Aah« war deutlich zu hören gewesen. Alles Weitere war weniger deutlich, sieht man einmal davon ab, dass sich bei unserem Freund nach der unartikulierten Verabschiedung seines anlehnungsbedürftigen Partners auf Zeit rechtsseitig eine feuchte Wärme vom Knie an abwärts eingestellt hatte. Auch der vorher staubige rechte Schuh wies wieder einen feuchten Glanz auf, der selbst die Dunkelheit der einbrechenden Nacht überstrahlte. Der einzige Nachteil, den der Freund aus der Stadt wohl zurecht beklagte, war die durch den partnerschaftlichen Kontakt entstandene Ungleichheit zwischen seiner linken und rechten Körperseite. Wohlig-warm-feucht die eine, staubig-trocken die andere.

Ansonsten aber war der Besuch des Schützenfestes für fast alle Beteiligten von bleibendem Erinnerungswert. Schade nur, dass die Freunde für das kommende Jahr unabkömmlich sind. Mal sehen, ob sich da Ersatz finden lässt. Notfalls werde ich wohl einen Holzpfahl sponsern, damit den treffsicheren Schützen keine Verlustängste quälen müssen.

Gute Ernte in Worpswede

Was den einen das Schützenfest ist den anderen das Erntefest. Jedem das Seine. Aber was das Ereignis mit der Varusschlacht bei Osnabrück und der längst überfälligen Vergabe eines Umweltpreises für Angehörige des weiblichen Geschlechts zu tun hat, das können Sie nur erfahren, wenn Sie sich der Lektüre der folgenden Geschichte hingeben.

Es ist in jedem Jahr dasselbe: Wenn der Mais auf den Höhen des schönen Weyerbergs kräftig und fett auf dem Acker steht, der Roggen und die Gerste auf den Schnitter warten, dann tut sich etwas im weltbekannten Künstlerort. Wochen zuvor schon werden in den Vereinen Pläne geschmiedet, Konzepte erarbeitet, ad acta gelegt und doch wieder hervorgeholt: Selbstverständlich will keiner abseits stehen, wenn es darum geht, seinen Verein beim absoluten Saisonhöhepunkt der Begeisterung und sich selbst einer harten Bewährungsprobe auszuliefern.

Tage vor dem Sonntag, der als Erntefest in den Jahreskalender eingetragen ist, wird in den Scheunen, auf den Höfen und in den Hallen gewerkelt, was das Zeug hält. Am Ende versammeln sich die pferdebespannten Kutschen mit den Betagten und Fußkranken und die von Treckern gezogenen Wagen mit den zurzeit gesund Geschriebenen. Dazu kommen noch eine ganze Menge Menschen verschiedenen Alters, die das Fußvolk zu spielen haben. Alle sind meistens buntgekleidet, einige schwingen Fahnen, andere dürfen Blas- und Pfeifinstrumente quälen oder unschuldige Trommeln traktieren. Ihr Auf- und Abmarschplatz liegt an der Alten Molkerei, in der schon lange keine Kühe, sondern nur noch andere Rindviecher gemolken werden.

Wie ein Lauffeuer macht sich jedesmal im Ort die Kunde breit, dass der Mais gut stünde, das Getreide sich mit seinem Schicksal arrangiert habe und es zudem Sonntag sei. Da alle drei wichtigen Bedingungen erfüllt seien, könne das Erntefest auch diesmal pünktlich gefeiert werden. Auf einem festgelegten Parcours, also einer abgesteckten Hindernisbahn, setzt sich die bunte Schar der Gehunwilligen, Fahrbereiten und des Gehens beim Start noch Fähigen in Bewegung. Um keine unnötigen Risiken entstehen zu lassen, erhalten allerdings vorher alle Beteiligten, seien es Maschine, Tier oder Mensch, die notwendige Grundversorgung: die Maschinen das Öl, die Tiere und Menschen das oder den Korn.

Währenddessen sind die Straßen, Plätze und Abhänge im Ort bereits durch spalierbildende Menschen markiert. Manche von ihnen tragen eigenartig verformte, vom letzten Unwetter malträtierte Regenschirme, sogenannte Minusvarianten früherer Ausführungen als Fanggeräte. Andere wiederum haben sich von ihrem Besuch in Kalkriese bei Osnabrück, dem Ort der Varusschlacht, vorsichtshalber römische Helme, Kettenhemden und Brustschilde mitgebracht, die ihnen ein allseits bewundertes und beneidetes Aussehen verleihen. Unbedarfte wissen vielleicht nicht, wozu derartige Gerätschaften bzw. Vorkehrungen nötig sein könnten. Nun, sie werden gleich darüber aufgeklärt.

Schon bald, nachdem die Hauptakteure nämlich die Hindernisbahn erreicht haben, beginnen sie damit, ersten Ballast abzuwerfen. Obenan steht dabei der Abwurf von Kamellen. Weil diese in der Regel schon über Jahre eingelagert worden waren, hat sich für sie der Begriff »olle Kamellen« eingebürgert. Eindeutige Vorteile haben hierbei jene Regenschirmträger, die ihre Trichter als Fanggeräte einsetzen und nach Verzehr der Kamellen den Zahnärzten Gutes tun können.

Im weiteren Verlauf des Parcours erweisen sich aber auch die aus den Arsenalen der Römer mitgebrachten Rüstungsbestände als nützlich, wenn es darum geht, die Zielwürfe der auf den Wagen mitgeführten Scharfschützen abzuwehren. Auch der zunehmende Härtegrad der Wurfgeschosse, denen jetzt mehr und mehr spezial getrocknete Torfstücke, Trockensträuße und – unter Verzicht auf das Pfand – selbst Dosen beigemischt werden, trägt der Spezialkleidung das Prädikat »besonders wertvoll« ein.

Ich selbst, übrigens ein begeisterter Zuschauer, habe allerdings mehrere Nachteile zu kompensieren: Erstens kann ich zur Zeit keine Kamellen essen, weil meine Zahnplomben in einem desolaten Zustand sind und nur noch schwindende Haltekräfte aufweisen. Zweitens war ich noch nicht in Kalkriese und verfüge deshalb nicht über die schmucke Rüstung. Und drittens besitze ich nur einen einzigen Schirm, den ich mir – wie meinen Charakter – nicht verbiegen lassen will. Aus diesen Gründen, allerdings auch aus einem gewissen Kalkül heraus, halte ich mich grundsätzlich in unmittelbarer Nähe des Kriegerdenkmals für die 1870/71er* auf.

Dieser Platz am Steilhang unterhalb der Kirche hat mindestens drei Vorzüge: Die Wurfwütigen haben nur geringe Chancen, die Distanz zu schaffen. Bei Gefahr im Verzuge ist ein Fluchtweg unter die nahestehenden Rhododendren möglich. Und schließlich, so scheint es, besitzt die Denkmalsfigur des schildbewehrten Jünglings, Ritter Worps genannt, offenbar eine geheime Schutzfunktion. Jedenfalls sind bei mir schwerere Verletzungen bislang ausgeblieben.

---

* Siehe Anmerkung c, S. 60.

Wie die Transporte voller schwerer Menschenschicksale dann den letzten, vom Landschaftsprofil her anspruchsvollsten Teil des Parcours auf die Gipfelkuppe des Weyerbergs bewältigen, kann ich hier leider nicht beschreiben. Der Grund: Ich schlage mich jedesmal querbeet in die Büsche bzw. über den Friedhof, um rechtzeitig das Gipfelareal zu erreichen. Immerhin aber kommen die Wagen – manche Besatzungsmitglieder mit lautem Wehklagen – jeweils kurze Zeit später als ich in Gipfelnähe an. Auf der Höhe dieser imposanten Erhebung ist alles zum Besten bestellt: Der Himmel strahlt in einer unbeschreiblichen Veränderlichkeit und Größe, die schon Rainer Maria Rilke jubeln ließ, als er 1902 seine herrliche Monografie über Worpswede schrieb.*

Um den Gipfel gruppieren sich Bankreihen, auf die meistens die Gehunfähigen aus den Kutschen und einige dauernd lächelnde und nach vielen Seiten grüßende Politiker

---

* Rilke, Rainer Maria: Worpswede. Bielefeld/Leipzig 1903. (Die Monografie wurde 1902 von Rilke innerhalb von 20 Tagen und Nächten verfasst.)

gesetzt werden. Sie alle und noch viele mehr, die die Angriffe während des Parcours schadlos überstanden haben, lauschen nun traditionell den windverwehten Ansprachen von Angehörigen des Hohen Rats der Gemeinde und der Geistlichkeit. Von einem eigens aufgebauten Rednerpult aus erfreuen sie die Umstehenden, Sitzenden und Liegenden mit ihren Worten. Sie sind des Lobes voll über den gutstehenden Mais, das pralle Gelb des Getreides und das strahlende Blau des Himmels.

Auch die angetretenen Sänger wissen die Gunst der Stunde zu nutzen und ihre Lobgesänge in die wolkenlose Weite des Himmels zu schicken. Andere wiederum, die bis zum Berg die Akteure des Geschehens waren, halten sich umständehalber in Deckung. Sie sortieren auf den Wagen die Reste ihrer Bestände, schließen noch schnell manchen Freundschaftsbund untereinander, wecken die Schlafsüchtigen und stützen die Haltungsschwachen.

Meistens noch während des Jubels, der Lobreden und -gesänge auf dem Gipfel macht sich jedoch – wie auf ein geheimes Kommando hin – bei den Wagenbesatzungen Regsamkeit breit. Dem Zug der Lemminge gleich stürzen sich jene zwar nicht in Abgründe. Immerhin aber bewegen sie sich – allerdings ausschließlich Angehörige des männlichen Geschlechts – in Richtung eines nahen Maisfeldes, was merkwürdigerweise und zufällig am Wege steht. Sie bilden dort sehr diszipliniert eine Männerkette, verharren in ihr eine knappe Zeitspanne des Suchens und Nestelns in ihrer Hose und vollführen in geradezu ritueller Andacht eine bogenförmige Leistungsschau. Nachdem sie ihre Gerätschaften wieder erfolgreich verstaut haben, kehren sie erleichtert zu ihrem Ausgangsort zurück. Dort beschließen sie, den neuen Zustand auszunutzen und die Restbestände der Trinkvorräte sowie ihrer Wahrnehmungsfähigkeit zu opfern.

Wie im wirklichen Leben, so sind an dieser Stelle die weiblichen Wagenbesatzungen, die genau so viel geworfen und getrunken haben, benachteiligt. Aus anatomischen Gründen haben sie sich im Laufe ihrer

Evolution angewöhnen müssen, die in aller Öffentlichkeit praktizierte aufrechte Haltung der Männer durch eine frauenspezifische, die Öffentlichkeit strikt meidende Hockstellung unter Büschen und Bäumen zu ersetzen. Dieser Umstand wiederum verstellt ihnen den kurzen, freien Weg zum Mais. Sie müssen sich notgedrungen auf den weitaus längeren Marsch in die umliegenden Waldungen aufmachen, was für sie den Nachteil hat, dass sie schneller ausnüchtern, die Sänger bei ihrer Rückkehr die Noten regelmäßig schon eingepackt und ihre Kumpane auf den Wagen die Restbestände an Getränken schon unter sich verteilt haben.

Aber immerhin, etwas Gutes hat das Wirken der Frauen doch: Waren die Eichen, Buchen und Kiefernbestände früher zur Sommerzeit stets der Austrocknung ausgeliefert, erfreuen sie jetzt jedermann nach den Bewässerungen seitens der Hockstellerinnen mit prächtigem Wuchs und reicher Fülle an Blattwerk, Nadelbesatz und Frucht. Wann endlich wird diesen Frauen endlich ein Umweltpreis zuerkannt?

Odeln am Berg

Sie lesen richtig. Es geht im Folgenden nicht um Rodeln. Die Geschichte, die hier erzählt werden soll, ist kein Wintermärchen. Stattdessen hat sie mit starken Düften zu tun. Vielleicht wäre es deshalb ratsam, dass Sie sich bei der Lektüre vorsichtshalber die Nase zuhalten. Sie sind verwirrt? Nur Geduld, Sie werden alles erfahren und verstehen – und am Ende können Sie wieder frei durchatmen. Versprochen.

Wir sind uns sicher einig: Bayern ist ein herrliches Urlaubsland. Weil das so ist, fuhren wir samt Kind und Kegel jahrein, jahraus in eine besonders schöne Region dieses gottgesegneten Landstrichs, ins Allgäu nämlich. Besonders für mich war der Aufenthalt überaus nützlich. Konnte ich vorher nur Schnapsgläser mit einem Zug leeren, schaffe ich jetzt locker und leicht einen ganzen Maßkrug. Allerdings mit zwei kleinen Einschränkungen: Der Krug sollte a) nach

Maßgabe der Einschenk-Richtlinien auf dem Münchner Oktoberfest zur Hälfte mit Schaum gefüllt sein und b) meine Frau muss bei derartigen Trinkexzessen außer Hörweite geschafft werden, weil sich bei mir regelmäßig nach Erreichen des Krugbodens ein befreiendes Aufstoßen (vulgär: Rülpser) Bahn schafft und sie diese Art der männlichen Entäußerung partout nicht verkraften kann.

Darüber hinaus habe ich unbestrittene Fortschritte bei meiner Kleidung gemacht. Ging ich früher mausgrau und barhäuptig, so weiß ich jetzt darum, manch fesche Note in mein Äußeres zu bringen. Das I-Tüpfelchen meines modischen Durchbruchs ist und bleibt der ungemein kleidsame Filzhut mit dem dezent ausladenden Gamsbart. Die Präsentation dieses Outfits auf den Prachtstraßen dieser Welt – so u.a. auf der Bergstraße in Worpswede – ruft allseits gefälliges Kopfnicken, zuweilen sogar spontane Begeisterung hervor.

Unerwartete Fortschritte konnte ich auch in meiner sprechsprachlichen Kompetenz erzielen. War ich früher nur in der Lage, meine Flüche hochdeutsch auszustoßen, kann ich jetzt mühelos auf den viel reichhaltigeren Schatz aus Bayern zurückgreifen. Und die Erfolge können sich sehen bzw. präziser: hören lassen. Was war das früher lächerlich, dem nicht anspringenden Rasenmäher mit dem Fluch: »Du kannst mich mal!« einen Tritt zu versetzen, den dieser nur mit noch größerer Sturheit, nicht anzuspringen, beantwortete. Wie beglückend dagegen heute, wenn es heißen darf: »Jo mei, Kruzifix, du Saupreiß, damischer, leck mi am Arsch.« Und welch entlastende Genugtuung darüber, diese eingängige Lautfolge in einen Worpsweder Himmel gerufen zu haben, für den selbst Rainer Maria Rilkes Worte zu schwach gewesen waren.

Aber nicht nur der Fluchwortschatz erhielt eine neue Qualität, auch der Wortschatz selbst erfuhr manche Bereicherung. Obenan in dem erweiterten Lexikon steht das Wort »Adel« bzw. – um Verwechslungen mit der Zugehörigkeit einer Fürstin von Thurn und Taxis zu entgehen – besser mittelhochdeutsch lautverschoben »Odel«, in der Verbform: odeln. Für Norddeutsche sei erklärend angefügt, dass es sich hierbei um die Lieblingsbeschäftigung der Bayern insgesamt und der Allgäuer im speziellen handelt – mal abgesehen vom Maßkrugstemmen, dem Fingerhakeln und dem Weißwurstverzehr. Zu bestimmten Jahreszeiten nämlich verwandelt sich das ganze Land in ein einziges Adel- oder Odelparadies.

Besonders um die Osterzeit regt sich allerorten ameisenhafte Geschäftigkeit. Was sich vorher auf den Wiesen und Weiden in gefälligem Grün, aber geruchlos präsentierte, wird dann, wenn die Osterurlauber alle angereist sind, bräunlich eingefärbt und mit einer unglaublich eingängigen Duftnote versehen, so dass Herzen, Gemüt und vor allem die Geruchsorgane zu jubilieren beginnen.

Die regelmäßigen Erfahrungen mit einer mir bislang unbekannten Geruchswelt haben mich nachgerade süchtig gemacht. Waren ich und vor allem meine Gattin vorher eingeengt auf Duftmarken à la Chanel No. 5, Lagerfelds Sun, Moon & Stars oder

Sabatinis Wässerchen, erschlossen sich nunmehr neue Horizonte. Herb und herzhaft waren angesagt. Und um das Erreichte nicht zu gefährden, waren fortan zur Osterzeit Mallorca Mallorca und Gran Canaria Gran Canaria – mit anderen Worten: aus dem Urlaubskalender gestrichen.

So weit, so gut. Wären da nicht die tief verwurzelten Animositäten zwischen den Bewohnern diesseits und jenseits des aus Weißwürsten gebildeten Äquators. Gemäß dem Motto: Was die Barzis können, das können wir schon längst, begann man in der hiesigen Region zu odeln, was das Zeug hält. Erstaunlich schnell hatte man die Kreis- und Bezirksklassen verlassen und sich über die Regionalliga in die zweite und sogar in die erste Bundesliga emporgeodelt.

Nach langen Verhandlungen zwischen den verschiedenen regionalen Organisationen war es dann auf der 17. gesamtdeutschen Adel-Odel-Gülle-Jauche-Konferenz endlich gelungen, eine bundeseinheitliche Sprachregelung einzuführen. Die nord-, ost- und mitteldeutschen Verbände hatten sich bereiterklärt, auf die hier bodenständige Bezeichnung Jauche, die süd- und südwestdeutschen ihrerseits auf die dort auch beheimatete Bezeichnung Gülle zu verzichten. Da auch der Adelsverband seine Vertreter geschickt hatte und mit Abbruch der Verhandlungen drohte, wenn die Kompromisslinie sprachlich bei Adel liegen sollte, einigte man sich in einer dramatischen Nachtsitzung schließlich auf Odel.

Das Erfreulichste aber war, dass man sich darauf verständigen konnte, die diesjährigen Norddeutschen und sogar – man höre und staune – die nächstjährigen Deutschen Meisterschaften in die Bremer Region zu vergeben. Die internen Qualifikationen, welcher Ort denn nun das Rennen um die Austragung der attraktiven Wettbewerbe im Kunst- und Geschicklichkeitsodeln machen würde, begannen noch in der Nacht des Grundsatzentscheides. Allerdings pfiffen es bereits die Spatzen von den Dächern, dass der Zuschlag wohl auf das etwa 25 Kilometer von Bremen entfernte Worpswede fallen würde.

Dieser idyllische Ort konnte manchen Vorteil ins Feld führen. Nicht nur, dass der vom Verband festgelegte Teilmodus »Kunst« ja nun wahrlich in diesem »Weltdorf der Kunst« zu Hause wäre, nein, die Worpsweder Funktionäre konnten sogar mit beweiskräftigem Zahlenmaterial belegen, dass auch auf dem Sektor Geschicklichkeit ausgezeichnete Fortschritte erzielt worden wären. So gäbe es im Ort längst bewährte Strategien, schlichte Kaffeefahrt-Touristen aus den Cafés in die Museen zu locken.

Das besondere Pfund, mit dem besagte Odel-Funktionäre wuchern konnten, aber war der Hinweis, dass die Odler, die sich in Worpswede seit Jahren öffentlich in Szene setzten, allseits geachtete Bürger seien. Ausdruck dieser Anerkennung sei es schließlich gewesen, dass es ihnen bei der letzten Kommunalwahl gelungen war, unter dem Kürzel WOP (Worpsweder-Odel-Partei) und dem eingängigen Slogan »Mir stinkt‘s« zwei Sitze im Gemeinderat erobern zu können, zweifellos eine deutschlandweite Sensation.

Es lag deshalb auch nahe, das von den heimischen Odlern genutzte Terrain auf dem Weyerberg als Wettbewerbsgelände vorzuschlagen, weist es doch alle erforderlichen topografischen Merkmale auf, deren Schwierigkeitsgrade nun einmal beim Meisterschaftsodeln von den Topathleten bewältigt werden müssen.

Die Kunde über den Zuschlag für die nächsten beiden Jahre machte natürlich blitzschnell die Runde. Behende wurden noch Restbestände des kostbaren Odelguts in der Region ausgeforscht und in den vergangenen Tagen und Wochen notwendige Sondertrainings veranstaltet. Der Künstlerort war in eine wunderbar herbe Duftnote getaucht, und je nach Windrichtung konnte in den Vorgärten eine intensive Atemgymnastik betrieben werden. Einige Hausfrauen ließen es sich nicht nehmen, noch schnell die Wäsche aufzuhängen, um den herrlich herzhaften Duft für die odelarme Jahreszeit konservieren zu können.

Mit Lob bedacht wurde, dass der rührige Hotel- und Gaststättenverband mit

Unterstützung der Tourismus-Agentur die hiesigen Odler bei ihren zeitraubenden Vorbereitungen nicht im Regen oder besser: im Odel stehen lässt. Beide führen bereits auf ihren Homepages eine intensive Werbung durch. Ja, es gibt sogar schon erste Überlegungen, ob es nicht sinnvoll sein könnte, während der Meisterschaften den üblichen Rahmen der Wohlfühl-Angebote, wie Tai Chi, Qi Gong und Ayurveda, durch ein Jedermann-Odeln auf den Höhen des Weyerbergs mit einem entsprechenden Gesundheits-Zertifikat zu ergänzen.

Bläservirtuosen

Wie bei jedem Festprogramm üblich, so soll auch hier in die Lektüre der nüchternen Texte eine notwendige Auflockerung und Abwechslung hinein. Das geht immer am besten – Sie kennen das sicher – mit Musik.* Im Mittelpunkt stehen dabei im Folgenden Blasinstrumente, die Sie sicher so lieben wie ich.

Als ich vor Jahren noch Lotto spielte, hatte ich samstags vor der Tagesschau regelmäßig feuchte Hände, erhöhtes Herzrasen und ein nasses Handtuch auf der Stirn. Nach der Gas- und Benzinpreiserhöhung kann ich mir Lotto nicht mehr leisten. Dafür habe ich jetzt mehrmals täglich bis zu den Tagesthemen feuchte Hände, erhöhtes Herzrasen und ein nasses Handtuch auf der Stirn.

---

* Als Einstimmung für diese Geschichte könnten Sie auch auf das schöne Lied von Reinhard Mey mit dem einprägsamen Titel »Irgendein Depp mäht irgendwo immer« zurückgreifen.

Ihnen fehlt das Verständnis? Nun denn, ich werde Sie aufklären.

Die Aufregung, die früher der mögliche und doch immer ausbleibende Millionengewinn verursachte, wird jetzt durch den Wetterbericht ausgelöst. Zu dämlich und für mich absolut unverständlich ist, dass die Fernsehgewaltigen diesen wichtigsten Teil meiner täglichen Unterhaltung ans Ende der Sendungen platzieren. Proteste bei den Anstalten, den Spannungsbogen in den Nachrichten exakt umgekehrt aufzubauen, den Wetterbericht an den Anfang zu setzen und den massenhaften Blödsinn, den die Politiker verzapfen, dafür zu einem Zeitpunkt zu bringen, wo der Normalbürger bereits Bier und Chips holt, fanden aber kein Gehör.

So muss ich also warten und warten, bis das Wesentliche, der Wetterbericht, endlich kommt. Das nervt! Wenn es so weit ist, ist meine Anspannung dem Siedepunkt nahe. Und welche Erlösung, wenn mich unter meinem nassen Handtuch die erquickende Nachricht erreicht, dass während der Nacht Starkwinde, besser noch Stürme oder Orkane das Land heimsuchen. Sie halten mich für pervers? Gemach, gemach!

Schauen Sie sich doch einmal die Bürgersteige, die Zufahrten, die Terrassen und andere Flächen in Hausnähe nach Durchzug der Starkwinde an. Welch reichen, überquellenden Geschenktisch haben die Schlechtwetterfronten (für mich eine unglaublich diffamierende Bezeichnung!) hier aufgebaut. Laub und Blüten, Blattwerk und Zweige, soweit das Auge reicht. Glücklicherweise sorgt die jüngst verschärfte Reinigungsordnung der Gemeinde im § 12, Abs. 3 dafür, dass die Hauseigentümer mit erheblichen Strafen belegt werden, wenn sie der regelmäßigen Reinigungspflicht nicht nachkommen.

Was man jedoch früher mühsam mit dem Besen oder der Laubharke manuell zu vollbringen hatte, wird in neuerer Zeit mit Hilfe einer grandiosen technischen Apparatur erledigt: dem sogenannten Laubbläser. Betätigt wird diese Wunderwaffe, indem das Blasrohr etwa 20 cm über dem Boden gehalten und dabei durch koordinierten Hüft-Armschwung leicht von einer Seite zur anderen bewegt wird. Geübte Laubbläser erkennen sich untereinander am graziösen Hüft-Armschwung beim Gehen – selbstverständlich auch ohne Gerät. Beim Einkaufen in Supermärkten mittels Einkaufswagen wird passionierten Laubbläsern jedoch dringend angeraten, den Hüft-Armschwung moderat auszuführen. Die schmalen Passagen zwischen den Regalen bergen die Gefahr von Verschüttungen, was besonders in Nähe von dosenbestückten Regalen zu schwerwiegenden Verletzungen führen kann.

Als ich dieses Gerät zum ersten Male hörte, glaubte ich zunächst, eine eingerostete Sirene zu vernehmen – und als statt der üblichen Intervalle bei Feueralarm in diesem Falle der Dauerton erscholl, dachte ich an die 12-Uhr-Mittagssirene. Weil es aber gerade mal sieben Uhr dreißig in der Frühe war, musste ich gar befürchten, Ohrenzeuge eines Alarms zu sein, der auf den Ausbruch eines Krieges aufmerksam machte.

Inzwischen bin ich routiniert genug, mich nicht mehr ins Bockshorn jagen zu lassen. Wesentlich für meinen Lernfortschritt ist natürlich, dass ich seit dem vergangenen Weihnachtsfest selbst einen Laubbläser besitze. Allerdings gab ich mich außerhalb der geschlossenen Garage erst dann in der Öffentlichkeit als solcher zu erkennen, nachdem ich in der Lage war, den Hüft- und Armschwung gekonnt zu koordinieren. Bis dahin trainierte ich beinahe täglich hart an einigen Laubhaufen in der Garage, was in meiner Umgebung anfangs gewisse Irritationen und einen besorgten Anruf in der Psychiatrie auslöste.

Seit ich mich nun mit und ohne Laubbläser ungeniert in der Öffentlichkeit zeigen und aufgrund meiner Erfahrungen treffsicher das Laubbläser-Geräusch aus der morgendlichen Geräuschorgie anderer Geräte heraushören kann, habe ich eine neue Glückserfahrung machen dürfen. Verantwortlich dafür war die Ereigniskette: Sven Plögers Wetterbericht → Meldung nächtlicher Starkwinde → frühes Aufstehen →

lustvolles Laubblasen im Bereich meiner Garagenzufahrt. Was in meinem fortgeschrittenen Alter rar ist, ereilte mich dort, im Bereich der Zufahrt, gleich von zwei Seiten, nämlich spontane tiefe Zuneigung.

Personalisiert war dieses Geschehen durch zwei Menschen gleichen Tuns, meine Nachbarn, die an ihrer Zufahrt standen, beide bestückt mit eben jenen neuen Lieblingen und beide gemeinsamen Sinnes, sich blasend in Richtung ihrer Häuser zu bewegen. Als ich mich ihnen zugesellte und meinen Weg zur Garage freiblies, gehörte fortan das eremitische Solitärblasen mit einem Schlage, besser wohl: mit einem Blase(n) der Vergangenheit an.

Eine nächtliche Telefonkonferenz unter den drei neuen Freunden wurde installiert und bei Eintreffen der Plöger-Ankündigungen der morgendliche Beginn abgesprochen. Um die Zusammengehörigkeit unserer Kleingruppe zu festigen, freilich auch, um gewisse steuerliche Vorteile ausschöpfen zu können, gründeten wir einen Verein. Immerhin erfüllten wir dafür ja die beiden wichtigsten Bedingungen: a) wir sind zu dritt, b) wir leben in Deutschland. Selbstverständlich wurden eine Satzung aufgestellt, eine Gruppenkasse eingerichtet und der Vorstand mit einem Vorsitzenden und zwei Stellvertretern gewählt. Kernpunkte der Satzung sind, die frühmorgendlichen, auch sonntäglichen Gruppenarbeiten strikt einzuhalten, nur Qualitätsbenzin einzufüllen und aus Gründen der Unfallabwehr den Hüft-Armschwung durch Sondertrainings auf einem stabil hohen Niveau zu halten.

Von diesem Punkte war es nun nicht mehr weit bis zur Geburt einer wunderbaren Idee. Vorausgegangen waren mehrere Zufälle, sicher Fügungen aus dem Katalog höherer Schicksalsmächte. Helmfried, mein Nachbar zur Linken, hatte einen unaufschiebbaren Termin beim Orthopäden. Er musste seine Hüfte und die Kniegelenke aufgrund der Blasbeanspruchung röntgen lassen. Willibald, mein rechter Nachbar, hatte in der spätabendlichen Telefonkonferenz einen Blasrohrdefekt gemeldet, den er dringend einem Fachmann vorstellen müsste. Mit anderen Worten, obwohl Plöger im Wetterbericht ein herrliches Tief mit Orkangefahr vorausgesagt hatte, war unser gerade geborenes Trio notgedrungen zu einer Solistenveranstaltung geschrumpft. Ich war wieder alleine mit meinem geliebten Laubbläser.

Aber nun schlug das Schicksal zu, in diesem Falle wohl in der pervertierten Gestalt der Glücksgöttin höchstpersönlich. Noch traurig und einsam beginnend, vernahm ich plötzlich aus weiter entfernt liegenden Grundstücken neue, bislang ungehörte Töne und Klänge. Ich ließ meinen Laubbläser für Momente verstummen, als ich das faszinierend sonore Geräusch einer mechanisch getätigten Kehrmaschine hörte, die offenbar über einen Pflasterweg geführt wurde. Fast noch anregender, geradezu elektrisierend aber war eine Geräuschqualität, die sich wahrscheinlich als besonders hochtouriger Rasentrimmer identifizieren ließ. Beides zusammen, Kehrmaschine und Rasentrimmer, ergaben ein Mixtum compositum, dessen Gegensätzlichkeit nicht profunder hätte sein können.

Ich fasste mir, obwohl per Vereinssatzung nicht abgesichert, mein Beamtenherz, drückte den Anschaltknopf meines Laubbläsers und stimmte ein in den Jubelchor der neuen Geräuschfreunde. Dass just in diesem Moment die Alarmanlage in einem weiter entfernten Haus und geringfügig zeitversetzt die Alarmsignale der Ortspolizei ertönten, ist fremdwörtlich als Koinzidenz abzuhaken, deshalb weniger aufregend und eigentlich nicht des Erwähnens wert.

Zurück zur Idee, die ja immer noch auf ihre Geburt wartet. Die entstandene Triosonate – die Kehrmaschine als Basso continuo, teilweise auch als ostinato, mein Laubbläser als Repräsentant für die mittleren Tonlagen und der Rasentrimmer für die Sopranlagen – eine unbeabsichtigte Welturaufführung, ein Glücksfall in der neueren Musikgeschichte. Ich beschloss, beim nächsten Stammtisch meinen beiden Laubbläser-Kollegen Helmfried und Willibald davon zu berichten und vorzuschlagen, eine Combo, die Weyerberg-Bläser-Combo (WBC) zu gründen.

Gesagt, getan. Es hatte lediglich dreier Hefeweizen und ebenso vieler Jan Torfs für jeden bedurft. Die Sache war perfekt. Das Repertoire ist inzwischen recht ansehnlich, nachdem Helmfried seinem Laubbläser neuerdings Super-Benzin zuführt, Willibald seinem Instrument auch einen silberfarbenen Schalldämpfer aufsetzen kann und ich schließlich in der Betriebsanleitung für mein Gerät entdeckte, dass man den Blas- auch als Saugrüssel einsetzen kann.

Nach etwas zähem Anlauf, wie es das Schicksal jedem Geniestreich zumutet, können wir fünf, d.h. also inklusive Sven-Holger am Trimmer und Max W. am Kehrer, uns vor Anfragen und Einsätzen kaum retten. War es zunächst die Freiwillige Feuerwehr, die ihre Jahresfeste anreicherte, so sind es jetzt die Altenclubs (in diesen Fällen allerdings grundsätzlich ohne Willibalds Schalldämpfer), die Bullenbesamer und selbst die Philatelisten.

Den möglichen Durchbruch hin zu den großen Bühnen dieser Welt aber brachte unser Auftritt in der Music-Hall Worpswedes. Die rührige Abfallwirtschaft als Hauptsponsor hatte mehrere Containerladungen Laub herangekarrt, die Pflasterer-Innung als Co-Sponsor einen Pflasterweg auf der Bühne angelegt und der Verband der Landschaftsgärtner schließlich einen trimmfähigen Rasen geliefert. War das ein Vergnügen, ein Jubel, als die WBC die ganze Bandbreite ihres Könnens auf die Bühnenbretter zauberte. Da blieben kein Auge trocken, keine Achsel schweißlos, kein Bierglas ohne Laub und keine Lunge ohne Schaden. Die Presse fiel in den Jubel ein, indem sie in Helmfrieds Solo die Klopffestigkeit seines Gemischs sowie in Sven-Holgers und Max W.s Duo die Akkuratesse ihrer Arbeit besonders enthusiastisch hervorkehrten.

Unmittelbar nach der Berichterstattung erreichten unser WBC-Management Anfragen vom WBC-Boxverband zufällig gleichen Namens, ob es nicht möglich sein könnte, den Bekanntheitsgrad unserer Combo und die erfreuliche Namensgleichheit für den nächsten Box-Event der WBC zu nutzen. Es wäre sicher möglich, so hieß es da, bei den Zuschauern ungeheure Emotion auszulösen, wenn Wladimir Klitschko beim nächsten Weltmeisterschaftskampf, begleitet von der Worpsweder-Bläser-Combo, sich in einem Laubgestöber tänzelnd, fintierend, grimmig-entschlossen dreinblickend in die Arena begibt. Vorgeschlagen wird auch, einen der Laubbläser in den Ringpausen anstelle der Handtücher zum Trocknen der Boxer einzusetzen, einen zweiten, um im Ring die Blutspuren und die verspritzten Hirnreste (»Bregen bringt Segen«) zu beseitigen.

Eine besondere Genugtuung bedeutete ein Fax des allseits bekannten (um das hässliche Wort »berüchtigten« zu vermeiden) Boxpromoters Don King aus den USA. Er zeigte sich, allerdings aus rein privaten Gründen, an der Weyerberg-Bläser-Combo interessiert. Er erhofft sich, wie er schreibt, mit Hilfe der WBC neuen Schwung in seiner doch reichlich in die Jahre gekommenen Fönfrisur.

Nun, die Verhandlungen laufen noch auf verschiedenen Ebenen. So muss u.a.

im Windkanal abgeklärt werden, ob Don Kings Haarfestiger der bei der WBC üblichen Blasstärke widersteht, ferner, ob im Madison-Square-Garden in New York die Verlegung eines Pflasterweges für Max W.s Auftritt ermöglicht wird, Sven-Holger seine Rasenkante bekommt und für Helmfried, Willibald und mich in den USA kanadische Eiche als Laub eingesetzt werden kann. Nicht ganz leicht sind, d.h. in erster Linie für die sensiblen Hochleistungsgeräte, auch die Zeitunterschiede zwischen New York und Worpswede zu bewältigen. Dennoch haben wir frohgemut mit dem Training bereits begonnen, weil wir letztendlich auf einen erfolgreichen Verhandlungsverlauf setzen. Die Worpsweder Mitbürger werden es ertragen (und sicher auch verstehen), dass die Übungen auch bei schönem Wetter stattfinden, um das Niveau stabil halten zu können.

Erfahrungen im Krankenhaus

Danach sehnt sich doch wirklich kein Mensch. Aber zuweilen ist das Schicksal unerbittlich – und man muss sich damit abfinden, das Krankenhaus aufzusuchen. Doch manchmal kann man dort auch Erfahrungen machen, die für das gesellschaftliche Zusammenleben bedeutsam sind. Von einer, die meinem Freund Egon vergönnt war, und bei der solidarisches Handeln eingeübt wurde, wird im Folgenden berichtet.

Was ist schon das Breite Wasser in der Hammeniederung gegenüber Wannsee und Müggelsee im Gott sei Dank wiedervereinigten Berlin? Was sind Hamme, Wümme und Wörpe gegenüber Havel und Spree? Und was sind gar die Bergstraße oder die Hembergstraße gegenüber Kudamm und Friedrichstraße, der Parkplatz an der Großen Kunstschau mit graffito-verschmiertem Toilettenhaus gegenüber Pariser Platz mit gereinigtem Brandenburger Tor? Und so könnte die Reihe der hier angestellten Vergleiche fortgesetzt werden: Was ist schon das intime Krankenhaus in der hiesigen Kreisstadt Osterholz-Scharmbeck zum Beispiel gegenüber dem weltstädtischen Virchow-Klinikum oder der renommierten Charité?

Für den deutschen Durchschnittsbürger wäre – vorausgesetzt, er oder sie kennt sich geografisch halbwegs aus – die Sache in jedem Falle eindeutig. Die beschaulichen Orte, Plätze und Institutionen des idyllischen Ortes am Weyerberg und der nicht weniger ländlich-sittlichen Kreismetropole wären mehrheitlich wohl nur die zweiten Sieger. Mancher, der sich das notwendige Maß an Fairness bewahrt hat, würde sich allerdings derartige Vergleiche verbitten, sie mindestens aber als unredlich qualifizieren. Ländliche und kleinstädtische Idylle und Beschaulichkeit, manchmal auch mit dem Odium von ein bisschen Rückständigkeit versehen, sollten nun mal nicht mit dem Flair, der Dynamik und Innovationskraft einer aufstrebenden Weltmetropole, selbst wenn sie vor dem Konkurs der öffentlichen Haushalte steht, verglichen werden.

Ob dieser Vorbehalt jedoch in der Breite der angestellten Vergleiche wirklich gilt, soll nun betrachtet werden. Als Auslöser dienen zwei Erlebnisse meines Freundes Egon, die normalerweise nicht zu den Sehnsüchten von Menschen gehören: Klinikaufenthalte nämlich, die jener bedauernswerte Mensch zu überstehen hatte, den einen in der Kreisstadt, den anderen in der Weltstadt.

Das Erfreulichste soll hier nicht verschwiegen werden: Egon hat die unterschiedlichen Eingriffe an diesen zwei so verschiedenen Orten trotz Krankenkassenreform überlebt. Ob allerdings bleibende Schäden zu beklagen sind, will seine derzeitige Lebensabschnittsbegleiterin noch nicht völlig ausschließen. Egon, so berichtet sie besorgt, würde sie seit Verlassen des einen Krankenhauses (der genaue Ort tut hier nichts zur Sache!) nicht nur mit dem Vornamen einer süßen kleinen Krankenschwester anreden, sondern schlimmer noch, auch von ihr erwarten, dass sie ihm das Frühstück ans Bett bringen und bei seiner Reinlichkeitspflege zur Hand gehen solle. Ganz und gar unklar ist Egons psychische Situation. Die Frage nämlich, ob er die Erlebnisse in einer der beiden Kliniken vielleicht nur über eine längerfristige Psychotherapie verarbeiten könne, bedarf noch der genauen Prüfung.

Auffällig, ja eigentlich besorgniserregend ist allerdings, dass Egon seit seinem zweiten Krankenhausaufenthalt weiße Kleidung, selbst die früher so heiß geliebte weiße Feinripp-Unterwäsche strikt ablehnt, ja regelhaft sogar, wenn er ihrer ansichtig wird, Krämpfe bekommt. Und das Schwierige sei, so meint seine derzeitige Lebensabschnittsbegleiterin, dass Egon schweigt. Er krampft und schweigt! Hoffentlich, so meint sie, sich selbst Kraft zusprechend, hat Egon wenigstens bei seinem Ableben diese Phobie überstanden, denn ob es das letzte Hemd auch in einem ihm genehmeren Farbton gibt, wisse sie nicht. Aber, so tröstet sie sich, noch sei es ja wohl nicht so weit.

Doch nun der Reihe nach: Es fing eigentlich alles – wie immer im Leben – ganz plötzlich an. Egons rechter Unterbauch, besser: einer seiner dort befindlichen überflüssigen

Bestandteile, nämlich der Blinddarm, fing eines Abends beim Bier an zu revoltieren und seinen Besitzer darauf hinzuweisen, dass er eigentlich sein unnützes und unbeachtetes Dasein satt habe. Egon dachte zunächst, weil er nichts von der Lebensmüdigkeit seines Blinddarms, nicht einmal von dessen genauer Position ahnte, dass er das Bier mal wieder zu kalt getrunken hatte. Allerdings wunderte er sich schon, weil er solcherart Unpässlichkeit normalerweise in höheren Bauchregionen verspürt hatte. Und weil er seine Verwunderung sogar in Worte fasste, hörte seine Lebensabschnittsbegleiterin von seiner Malaise. Besorgt, wie ihre Charakterstruktur zumal angelegt ist, stellte sie anatomische Studien an, versuchte liebevoll, Egons Bier mit einem Bierwärmer beizukommen, um damit seine Leberstiche, so ihre Diagnose, zu befrieden. Als alles nichts half, noch nicht einmal die im Restbier aufgelöste Schmerztablette, blieb nur noch der Griff zum Telefonhörer und der Anruf beim Hausarzt. Dessen Ferndiagnose lautete schlicht Blinddarm, sein Urteil: sofort ins Krankenhaus.

Als Egon aus der Narkose erwachte, hatte sich das angestrebte Schicksal seines Blinddarms bereits erfüllt. Egon und er hatten sich durch einen scharfen Schnitt des Operateurs voneinander getrennt. »Wat mutt, dat mutt!« sagte die Krankenschwester, die ihn aus der Bewusstlosigkeit behutsam zurück ins Leben begleitet hatte. Um auch ganz sicher zu sein, fühlte und überprüfte Egon vorsichtshalber, ob man es mit der Trennung von seinem unnützen Körperbestandteil hatte bewenden lassen oder nicht bei der Gelegenheit gleich eine Totaloperation anderer unnützer Gliedmaßen vorgenommen hatte. Der entscheidende Erkundungsgriff, über den jeder deutsche Mann verfügt, ergab, dass seine Besorgnis gegenstandslos war.

Wenige Tage danach konnte Egon, freilich um seinen Blinddarm ärmer, aber wenigstens immer noch als sonst vollständiger Mann, das liebenswerte Krankenhaus der Kreisstadt verlassen. Erwähnenswerte Kritik war seinerseits nicht vorzubringen. Frohgemut kehrte er an den Weyerberg und zu seinem jetzt wieder beschwerdefrei zu trinkendem Bier zurück.

Das Schicksal ist manchmal beinhart. Nicht nur, dass Egon sich beruflich in der neuen deutschen Hauptstadt zurechtfinden musste. Nein, unversehens hatte er sich auch im siebten Stock einer der bereits eingangs erwähnten Weltkliniken einzurichten. Vorausgegangen war diesmal ein sogenannter Hörsturz, eine plötzlich auftretende Schwerhörigkeit oder Taubheit, die an ihm vorher seine Lebensabschnittsbegleiterin schon des öfteren, allerdings mit einem gehässigen Unterton, diagnostiziert hatte, wenn er wieder einmal ihre Wünsche nach neuen Kleidern überhört hatte. Diesmal schien die Diagnose jedoch verlässlicher, denn sie kam aus dem Munde des Chefarztes der HNO-Abteilung. Und dieser hatte ihm gegenüber auch keinen Kleiderwunsch geäußert, zumal der ja sowieso immer dasselbe Outfit in gebügeltem Weiß anlegte und in Kleidungsfragen offensichtlich sehr bescheiden war.

Egon wurde in ein Vierbettzimmer eingewiesen. Außer ihm befanden sich dort bereits zwei am Vortag operierte Patienten, ferner ein Patient, der sich hier schon seit mehreren Tagen aufhielt. Der Eingriff an den Stimmbändern, am Kehlkopf und vielleicht auch an der Speiseröhre war aber bei ihm – wie es hieß – aus klinikinternen Gründen um einige Tage verschoben worden. Er betätigte sich tagsüber – wie die Mitpatienten spöttelten – als »Freigänger«. Allerdings war mindestens für Egon zu spüren, dass sich des Freigängers berlintypische Gelassenheit gegenüber diesem Zustand von Tag zu Tag mehr mit einer gewissen Aggressivität paarte, zumal ihm beharrlich die Auskunft über den präzisen Operationstermin versagt blieb. Eines Morgens schien sich dieser unwürdige Wartestand zu ändern. Der Patient wurde hinsichtlich seiner Nahrungsaufnahme auf Null gesetzt. Und als man ihm sogar die Operationskleidung brachte, war die Sicherheit groß, es nun bald auf den Operationstisch geschafft zu haben.

Als ihn am späteren Nachmittag allerdings die Kunde erreichte, dass es mit der Operation an diesem Tage doch nichts mehr würde (»der Operateur ist uns abhanden gekommen«, hieß die nebulöse Begründung), bedurfte es schon einigen psychologischen Geschicks und guten Zuredens seiner Zimmergenossen, ihn ruhigzustellen. Glücklicherweise schlugen in dieser Situation allzu menschliche Triebe an: Sein Heißhunger und das Verschlingen des ausgefallenen Mittag- und Abendessens überlagerten schließlich seine Drohung, unverzüglich den Koffer zu packen. Er verbrachte wohlgesättigt eine vergleichsweise ruhige Nacht.

Das genau kann man jedoch von einem anderen Mitpatienten im Viererzimmer nicht behaupten, der – wie hier schon mitgeteilt wurde – bereits operiert worden war und nur noch auf seine Entlassung wartete. Dieser Bettnachbar von Egon lebte plötzlich in ständiger Angst und Sorge. Was war passiert? Am Morgen nach seiner Operation an weichem Gaumen und Mandeln hatte ihn der Diensthabende bei der Visite mit der Bemerkung aufgeschreckt: »Herr P., Ihre OP steht nun fest. Wir sehen uns heute Nachmittag.« Der so Angesprochene brauchte eine Weile, sich zu fangen und den Arzt auf seinen Irrtum hinzuweisen.

Noch eine Stufe kritischer wurde seine Situation allerdings, als ihm am Nachmittag desselben Tages die Operationskleidung überbracht wurde. Da er zu dieser Zeit aber fest schlief, konnten die anderen Zimmerbewohner stellvertretend für ihn den Sachverhalt aufklären. Vorsichtshalber aber setzten sie ihn von dieser bedenklichen Eskalation der offensichtlich unklaren Aktenlage in Kenntnis, gutgemeint aus Sicht der Informanten, höchst alarmierend allerdings für den unmittelbar Betroffenen. Er drohte sogar damit, nicht mehr schlafen zu wollen, um auf diese Weise wenigstens sein Gefährdungspotential selbstbestimmt minimieren zu können.

Nach längerer Aussprache gelang – wie im richtigen Leben – auch hier ein tauglicher Kompromiss. Alle vier verabredeten über den Tag verteilt einen festen Schlaf-Wach-Plan dergestalt, dass immer einer der vier wach und präsent zu sein hatte. Um diesen rigiden Dienstplan ein wenig zu entspannen, ließ sich sogar der Freigänger in die Pflicht nehmen, was seinem Zustand zugleich einen neuen Sinn gab. Er war bereit, stundenweise auf sein Privileg zu verzichten. Dem Himmel und dieser solidarischen Aktion sei Dank, dass es den vereinigten Kräften gelang, auch den dritten Versuch (!!), den höchstgefährdeten Patienten erneut auf den Operationstisch zu verlegen, wiederum für diesen unbeschadet ausgehen zu lassen. Denn auch der neue Diensthabende am nächsten Vormittag, der den Mitbewohner auf den bevorstehenden Eingriff vorbereiten wollte, scheiterte kläglich. Er hatte mit der Stärke und Präsenz der Notgemeinschaft zur Verhinderung von Zweit- und Drittoperationen am falschen Patienten nicht gerechnet.

Der Vollständigkeit halber muss ergänzt werden, dass der Operateur für den Freigänger doch noch reaktiviert werden konnte. Auch Egon geriet nur einmal in ernsthafte Gefahr, mit einem früheren Patienten ähnlichen Namens verwechselt und deshalb an Nasenscheidewand und Nebenhöhlen operiert zu werden. Im übrigen gab es für ihn neben der Beseitigung des Hörsturzes nur die Freude auf den Gesang der Vögel, das liebevolle Zwitschern seiner Lebensabschnittsbegleiterin, natürlich auch auf den Spaziergang zur Hamme, die Einkehr in Neu-Helgoland, die Paddeltour auf der Beek, das stille Verweilen in der schönen Zionskirche und den Bummel über die Bergstraße sowie den Weyerberg mit seinem unbeschreiblich schönen Sonnenuntergang. Da können ihm der Kudamm, auch der Wannsee, sogar die Kreuzberger Nächte gestohlen bleiben.

Und das Problem mit seiner Phobie, d.h. die Schwierigkeiten mit weißer Kleidung, wird er sicher auch in den Griff bekommen. Seine Lebensabschnittsbegleiterin hat sich aus Testzwecken zu seiner Heimkehr aus Berlin ein wunderschönes, geblümtes Kleid gekauft – mit ganz kleinen weißen Margeriten darin. Sie sieht entzückend aus.

Fortschritte der Pädagogik

Die Bildungspolitik, in ihrem Zentrum die Schule, ist seit Jahrzehnten ein riesiges Problemfeld. Die Versuche oder präziser: die Versprechen, Besserung herstellen zu wollen, sind bei allen Regierungen Legion. Und doch stellen die Studien, mögen sie nun PISA, IGLU oder IQB heißen, immer wieder dasselbe fest: in der schulischen Bildung geht es in der Bundesrepublik abwärts. Auch der folgende Beitrag, der einen aktuellen Einblick in die neue Pädagogik verschafft, ist nicht unbedingt dazu angetan, Hoffnung auf Besserung zu verbreiten.

Pädagogik und Politik haben manches gemeinsam. Das Wichtigste für beide ist, dass möglichst jeden Tag eine neue Sau durchs Dorf getrieben wird. Über die Politik will ich mich nicht auslassen. Das würde den Rahmen dieser kleinen Geschichte sprengen.

Anders ist es da schon mit der Pädagogik, mit Fragen der Erziehung oder des

Unterrichts in der Schule. Da hat ja jeder so seine Erfahrungen, meistens wohl eher schlechte. Wie unser heiratsfreudiger ehemaliger Bundeskanzler, der heutige russische Gasmann. Der hielt ja bekanntlich alle Lehrer für faule Säcke. Leider ließ er unerwähnt, dass der Anteil von Lehrern z.B. in der SPD-Fraktion überrepräsentativ hoch ist. Ob die sich da wohl besonders gut ausruhen können?

Wenden wir uns also der Pädagogik zu. Erinnern Sie sich eigentlich noch an die Mengenlehre, eine besonders kapitale Sau, die in den 1970er Jahren in die Schulen getrieben wurde? Sie sollte das mathematische Verständnis der Kinder nachgerade revolutionieren. Doch kaum war sie hinreichend gemästet, das heißt in diesem Falle: Kaum hatten sich verzweifelte Eltern und Großeltern in teure Volkshochschul-Nachhilfekurse eingeschrieben und sich Abende für Abende um die Ohren geschlagen, war das Ziel schon erreicht: das mathematische Grundverständnis der Schüler und Schülerinnen war so weit ruiniert, dass für sie die einfachsten mathematischen Sachverhalte zu unlösbaren Geheimnissen geworden waren. Prompt wurde der Saustall ausgemistet und die Lehrerinnen und Lehrer als unfähig beschimpft. Die Sau wurde, wie viele vor und nach ihr, glücklicherweise auf dem Altar der pädagogischen Vernunft geopfert. Und es war wie immer: Die Verlage, die den Unsinn in Schulbücher hineingepresst hatten, waren hinreichend saniert. Die Schweinemäster hatten sich davongestohlen. Traf man sie Jahre später, konnten viele mit dem Wort Mengenlehre angeblich nichts anfangen. Andere reagierten mit wissendem Grinsen.

Überspringen wir gleich mehrere Pferche voller Säue. Wenden wir uns einer der neuesten Revolutionen zu, der Rechtschreibreform. Was da schließlich über die Jahre und in diversen Kommissionen zusammengewerkelt wurde, passt auf keine Schweineschwarte. Oder lesen Sie seit Einführung dieses Jahrhundertereignisses eigentlich noch regelmäßig Zeitung? Ich habe es längst aufgegeben. Jeden Satz dreimal lesen zu müssen, bevor man ihn versteht, ist reine Zeitvergeudung.

Welche Wohltat, dass nicht alle den verordneten Unsinn mitmachen. Aber die Kinder müssen es ausbaden. Es wird nur weniger Jahre bedürfen und man hat auch in diesem Stall die gleiche Mistmenge angehäuft wie bei der Mengenlehre. Nur, das sei vorsichtshalber für die ach so progressiven Mäster angemerkt, die jeder neuen Sau hinterherlaufen, weil sie so frisch aussieht und sie diese ihrem Pferch zuführen möchten: Legasthenie wird man das angerichtete Desaster dann nicht nennen können. Eher wohl Sauerei.

Ach, und dann die PISA- und die IGLU-Katastrophen, die ja, wie alle wirklichen Katastrophen, so unvermittelt plötzlich dahergekommen sind. Betroffenheit allerorten, Schuldzuweisungen, besonders jenen gegenüber, die besser abgeschnitten hatten. Sie, die Besseren, hätten sich gefälligst für dieses ungebührliche Verhalten zu entschuldigen, heißt es da. Besserung bei den besonders Schwachen wird gelobt – mit einem Vorbehalt allerdings: Erst müsse eine gründliche Analyse der vorliegenden Ergebnisse erfolgen (wie in der Politik). Ist Ihnen eigentlich schon aufgefallen, dass man von deren Erkenntnissen jedoch nie wieder etwas vernimmt (wie in der Politik)? Weshalb nicht? Ganz einfach: Eine neue Sau läuft bereits durchs Dorf (wie in der Politik).

Das einzige, was die Politik, besser: ihre Repräsentanten, von der Pädagogik und den Pädagogen unterscheidet, ist ein festgelegtes Ritual. Nach verlorenen Wahlen wird den Wählern und Wählerinnen erst einmal gedankt. Etwa so: »Bevor ich Ihre Frage nach den Ursachen des angeblichen Wahldesasters beantworte, Frau Hassel, möchte ich doch den Wählerinnen und Wählern zunächst herzlich danken. Die Wählerinnen und Wähler haben uns bestätigt, dass wir auf einem guten Wege sind. Im übrigen haben wir diesmal deutlich besser abgeschnitten als in der Kommunalwahl 1952 in Hintertupfing. Alles andere überlassen wir bitte der genauen Analyse.«

In Bezug auf das Danksagungsritual und die Ursachenverschleierung haben die Pädagogen gehörigen Nachholbedarf. Sie sollten sich bei denjenigen, die an der PISA-Studie teilgenommen und Deutschland weltöffentlich blamiert haben, in aller Form bedanken. Wie wäre es also, liebe Lehrerinnen und Lehrer, wenn Sie sich endlich dazu aufraffen könnten? Etwa so: »Zunächst einmal möchte ich mich bei Euch, liebe Schülerinnen und Schüler, für die Katastrophe und Blamage herzlich bedanken. Im Übrigen habt Ihr gezeigt, wie souverän Ihr Länder wie Honduras und Nepal hinter Euch gelassen habt.« Das hätte Stil. Damit käme man vielleicht sogar ins Fernsehen. Man sieht, Pädagogen könnten und sollten von den Politikern lernen – oder sich besser gleich um ein Abgeordnetenmandat bemühen.

Aber die den Kindern verordnete Pädagogik treibt noch schönere Blüten. Neueste Errungenschaft gefällig? Sexualerziehung in einem 2. Schuljahr. Die Voraussetzungen der Kinder sind: 1. Sie haben schon einmal nackte Jungen und Mädchen, auch nackte Erwachsene beiderlei Geschlechts gesehen. 2. Sie glauben fest an den Osterhasen und den Weihnachtsmann.

Die Tischgespräche zwischen den Großeltern und der zu Besuch weilenden Enkelin, die gerade das 2. Schuljahr besucht, erreichen eine neue Qualität. Waren sie vormals den Geheimnissen der Natur, den Abenteuern beim Spiel, den kleinen Sehnsüchten und Problemen gewidmet, so haben sie jetzt den Charakter von Prüfungen angenommen. Die Rollenverteilung ist dabei klar: Die Enkelin agiert, versehen mit einem überlegenen Herrschaftswissen aus der neuen Pädagogik, ein bisschen mitleidig lächelnd, als Prüferin. Die beiden bedauernswerten Großeltern sitzen mit schweißnassen Händen auf dem Armesünderbänkchen und müssen die gezielten Fragen parieren.

Fragen wie: »Opi, weißt Du eigentlich, was ein Orgasmus ist?« »Omi und Opi, wie oft habt Ihr Beischlaf?« sind solche der harmloseren Art und deshalb gerade noch für eine öffentliche Mitteilung geeignet. Das Prüfungsgeschehen erinnert fatal an frühere Zeiten, als die Großeltern noch jünger waren und sie beim Examen fürchten mussten, schlecht vorbereitet zu sein.

Ein wenig irritierend war allerdings für alle Beteiligten der gemeinsame Einblick in die Unterrichtsunterlagen der Enkelin, speziell in den Frage- und Antwortbogen, der die wesentlichsten Ergebnisse der modernen Sexualerziehung zusammenfasste. Dort hatte die Enkelin auf die Frage, woran die Frau erkenne, dass sie schwanger sei, schriftlich präzise geantwortet: »Wenn die Wehen einsetzen.« Die besorgten Großeltern konnten nun wenigstens an dieser Stelle auf das ihnen eigene Erfahrungswissen zurückgreifen und derartig kleine Irrtümer korrigieren.

Glücklicherweise fielen diese Prüfungen in die Zeit vor dem Osterfest. Da war es einigermaßen leicht, das für die Enkeltochter so einsichtig aufgeklärte Orgasmusgeschehen durch das ihrerseits noch unaufgeklärte Geheimnis des Osterhasen zu ersetzen.

Die beiden Großeltern allerdings machten sich so ihre Gedanken über die ungemeinen Fortschritte in der modernen pädagogischen Welt. Der Großvater erinnerte sich seiner schulischen Aufklärung, die der Stoffkanon offiziell in die Obersekunda platziert hatte. Die Oberstudienrätin, eine liebenswürdige, unverheiratet gebliebene Frau, die auf der Anrede Fräulein bestand, war zuständig für den Biologieunterricht in der gymnasialen Oberstufe, in dem auch das Wunder der Vermehrung thematisiert werden sollte. Freilich konzentrierte sich die Beschäftigung hauptsächlich auf die der menschlichen Vermehrung nahestehenden Frösche, Bienen und Hamster.

Als einer der Klassenkameraden die vorher untereinander abgesprochene Frage nach dem exakten Vermehrungsgeschehen bei Menschen stellte, begann von dieser Minute an eine neue didaktische Zeitrechnung im Biologieunterricht der aus Jungen und Mädchen zusammengesetzten Klasse: Bei Themen der nachgefragten Art wurden fortan nämlich wechselweise die Jungen bzw. die Mädchen aus dem Klassenraum geschickt, geschlechtsspezifisch also eindeutige Verhältnisse hergestellt. Die Antworten der geplagten Biologielehrerin sollten auf diese Weise dem jeweils anderen Geschlecht verborgen bleiben.

Der Großvater erinnert sich auch noch daran, dass eine besonders heikle Attraktion dieses Unterrichtsstoffes in einem mit Formalin gefüllten Zylinderglas enthalten war, ein menschlicher Embryo nämlich. Auch er durfte nur geschlechtsgetrennt in Augenschein genommen werden, obwohl keinerlei Unschicklichkeit an ihm zu erkennen war – weder aus Sicht der Mädchen noch aus der der Jungen. Um ihn und sein Herkommen rankten sich die wildesten Gerüchte. Er hieß bei uns Schülern Karlchen mit Vornamen. Als Nachnamen hatte man ihm frecherweise denjenigen der so peinlich berührten Biologielehrerin gegeben.

Zwischen dem Biologieunterricht des Großvaters und der Sexualerziehung der Enkeltochter liegen formal genau 45 Jahre. Eigentlich sind es Welten. Man mag die alte Welt als überholt ansehen. Zustimmung. Aber ist die neue schon deshalb, weil sie neu ist, die bessere? Nachdenklichkeit sollte angesagt sein.

Die beiden Großeltern hoffen darauf, dass auch die heutigen Kinder Stärke genug besitzen, den zuweilen praktizierten Unsinn im Schulunterricht schadlos zu überstehen, weiterhin Fragen stellen, die ihrer wahren Neugier entsprechen und viele Erwachsene innerhalb und außerhalb der Schule finden, die gerne bereit sind, ihnen die Fragen altersgemäß zu beantworten.

Hobbys

Es gibt manche Analysten, die davon sprechen, dass in unserer Gesellschaft aufgrund der beruflichen Anforderungen immer weniger Freiraum für Hobbys bliebe. Diese Erkenntnis macht mich besorgt. Weil ich seit jeher ein begeisterter Hobbyist (nicht zu verwechseln mit: Lobbyist) bin, habe ich mich zu einer Recherche und Nachprüfung dieser Meldungen entschlossen. Im Folgenden gebe ich meine gesammelten Ergebnisse bekannt.

Ein Hobby, so klärt der Fremdwörter-Duden auf, ist eine als »Ausgleich zu einer Tagesarbeit gewählte Beschäftigung, mit der jmd. seine Freizeit ausfüllt und die er mit einem gewissen Eifer betreibt.«* An dieser Definition ist einiges zu entdecken, Interessantes, aber auch höchst Befremdliches und Besorgniserregendes.

---

* Duden, Band 5. Das Fremdwörterbuch. Mannheim/Wien/Zürich 1974, 3. völlig neu bearbeitete und erweiterte Aufl., S. 294.

Erstens scheinen Hobbys in unserer Gesellschaft allmählich zu einer Minderheit zu degenerieren, weil immer mehr Menschen diese Art der Beschäftigung nicht mehr benötigen, da sie keine Tagesarbeit haben. Grund genug also, den wenigen verbliebenen Hobbys und ihren Inhabern Minderheitenschutz zu gewähren.

Zweitens wird in der Definition fast süffisant darauf hingewiesen, dass das Hobby nur mit einem »gewissen Eifer« betrieben werden dürfe. Diese Anforderung ist wohl schon deshalb ziemlich unrealistisch, weil bereits den Kindern in der Schule jeglicher Eifer ausgetrieben und in die Nähe von Quälereien gebracht wird.

Drittens aber kommt das unterschwellig Typische an deutschen Definitionen: Sie sind immer geschlechtsspezifisch. Hobbys, so wird dort frauenfeindlich behauptet, sind offenbar ein Vorrecht des männlichen Bevölkerungsteils. Darf es denn, so ist die Duden-Fremdwörter-Redaktion zu fragen, keine hobbytreibenden Frauen geben, ganz zu schweigen von den immer zahlreicher in den Gazetten auftretenden mehrgeschlechtlichen Wesen unter uns, die durch ein großes I, Sternchen oder einen Doppelpunkt gekennzeichnet werden?

Also, um die Hobbys und ihre Zukunft scheint es in diesem Lande einigermaßen schlecht bestellt zu sein. Weil ich mir Sorgen mache, habe ich mich auf die Suche begeben. In einer vielleicht letzten Feldstudie, also quasi in der freien Wildbahn des Lebens, wollte ich Inhaber von Hobbys finden, sie befragen und ihnen vielleicht doch noch Mut machen, für Hobby-Nachwuchs zu sorgen. Deutschland und die Deutschen brauchen Hobbys, so meine Hypothese.

Weil Hobbys offenbar immer seltener werden, musste ich für meine Arbeit Reservate aufsuchen. Ich war überrascht, dass man mir in den verschiedenen Abteilungen der umliegenden Kliniken bereitwillig die Pforten und Operationssäle öffnete. Natürlich sicherte ich Datenschutz und weitgehende Anonymisierung gegenüber den angetroffenen Hobbys zu.

Der erste Besuch galt einer chirurgischen Abteilung. Hier herrschte gerade Hochbetrieb. Der Chefarzt meinte, ich hätte mir eine besonders günstige Zeit ausgesucht. Aber, so sagte er einschränkend, die Chirurgen seien mehr und mehr im Zusammenhang der Hobbys einem Stoßgeschäft ausgesetzt, das die Arbeitsabläufe in den Kliniken zunehmend schwieriger mache. Bedenken äußerte er auch hinsichtlich der Überlegungen zur Gesundheitsreform, wo, glaube man einem Referentenentwurf, Hobbys wohl nicht mehr von den Krankenkassen bezuschusst werden sollen. Eine fatale Entwicklung!

Auf meine erstaunte Frage, wieso ich mir für mein Untersuchungsanliegen eine angeblich so günstige Phase ausgesucht hätte, verwies der Chirurg auf die Stürme und Windbrüche der letzten Tage. Das allerdings löste neues Erstaunen aus. Der Chefarzt schwieg, ging stattdessen zusammen mit mir ins Wartezimmer seiner Abteilung. Welch ein Jammer! Welch ein versammeltes Unglück und Leid! Dicht gedrängt, Mann neben Mann, Häuflein Elend neben Häuflein Elend. Die Elendsgestalten beugten sich schmerzverzerrt über ihre Hände, die sie in blutverschmierte Handtücher, Servietten, Hemdfetzen, in einem Sonderfalle sogar in ein Negligé gewickelt hatten.

Schnell konnte ich als erstes wichtiges Ergebnis registrieren, dass linke Hände zwanzigmal, rechte dagegen nur dreimal mit den schützenden Textilien versorgt worden waren. Das hier versammelte Hobby traf also entschieden mehr Rechtshänder, was sich aber nur dann als statistisch signifikant erwiese, wenn die Gesamtbevölkerung sich anders als zwanzig zu drei auf Rechts- und Linkshänder verteilte.

Nach dem einschlägigen Hobby dieser Klientel befragt, war die Antwort einmütig: das Sägen mit der Elektro- oder Motorsäge habe sie hierhin gebracht. Alle hatten wenigstens die abgeschnittenen Finger dabei. Wie gut, dass in Männerhosen auch für solche Gliedmaßen immer ein Plätzchen reserviert ist. Die Einzelschicksale stellten sich verschieden tragisch dar. Neben einigen

Anfängern waren in der Mehrzahl Fortgeschrittene versammelt. Einer von ihnen, ein ausgewiesener Linkshänder und sicher der tragischste Fall, hatte nach dem Sturm der letzten Nacht den vorletzten Finger, den liebgewordenen kleinen der rechten Hand, von ihm Waldemar geheißen, drangeben müssen. Er hielt ihn, eingewickelt in Alufolie, schützend in der linken Hand. Ihn wollte er auf jeden Fall angenäht bekommen, damit er wenigstens weiterhin in der Lage wäre, durch Aufzeigen von Daumen und kleinem Finger auf einen Schlag fünf Biere für sich und seine Kumpel zu bestellen. Tief beeindruckt und versehen mit einem ganzen Bündel von einschlägigen Erkenntnissen verließ ich die Abteilung.

Die Zeit drängte, denn ich wollte an diesem Tage noch eine weitere Hobbygruppe aufsuchen. Diesmal sollte ich sie angeblich in der orthopädischen Abteilung einer anderen Klinik finden. Der Empfang beim Chefarzt war gleichermaßen herzlich. Allerdings im Gegensatz zur chirurgischen Abteilung der vorher aufgesuchten Klinik stellte sich das hier vertretene Hobby als Ganzjahreshobby heraus. Seinen Vertretern, allerdings wohl in zwei unterschiedlichen Ausprägungsformen, war ich wohl schon auf dem Wege ins Chefarztzimmer begegnet.

Ein bestimmter Teil von ihnen sah auf den ersten Blick wie Männer aus, wobei diese Beschreibung nicht exakt genug ist. Denn gegenüber der allgemein auf Straßen und Plätzen dieser Republik als Mann anzutreffenden Spezies hatte ich mit dieser Teilgruppe keinen Blickkontakt aufnehmen können, nicht etwa, weil jene Gesichtsmasken trugen. Nein, ihre Eigenart bestand in einem merkwürdigen und in dieser Form wenigstens in Mitteleuropa unüblichen Gehverhalten. Sie hatten eine eigenartig devote, von der Hüfte an meistens rechtwinklig nach vorn geneigte, den Fußboden vermeintlich oder tatsächlich absuchende Haltung. Der einzige Unterschied zwischen den verschiedenen Individuen dieser Gruppe war die Armhaltung: Ein Teil von ihnen trug die Arme verschlungen auf dem Rücken, andere ließen sie seitwärts nahe über dem Fußboden baumeln, was sie in die Gefahr brachte, für Vierfüßler gehalten und in eine schlechtere Steuerklasse eingestuft zu werden.

Ihr gemeinsames Schicksal (oder wie Besessene unter ihnen sagten: Hobby) sei, einer Ausgleichsbeschäftigung mit einem gewissen Eifer nachzugehen, die in normalen Verhältnissen ausschließlich den Frauen dieser Gesellschaft zusteht, der Hausarbeit nämlich. Und da sich bei intensiver Beschäftigung mit ihnen herausstellte, dass es sich tatsächlich ausschließlich um Männer handelte, war eigentlich der Beweis erbracht, dass man weiterhin den Frauen diese für Männer völlig ungeeignete Freizeitbeschäftigung überlassen sollte. Innerhalb kürzester Zeit hätten sich bei ihnen, so berichteten sie Mitleid heischend, gravierende Verkrümmungen des gesamten Oberkörpers eingestellt, die sie zwar für das Reinigen der Fußböden prädestinierten, auch für das Schuhputzen am eigenen Körper und das Selbstreinigen der Füße. Aber schon für das Staubwischen auf den Regalen und Schränken wären sie durch ihre Verbiegungen ungeeignet, ganz zu schweigen von der Tätigkeit des Fensterputzens.

Ganz schwierig wäre es, sie einkaufen zu schicken, weil die Türklinken eindeutig zu hoch angebracht seien und die Einkaufswagen für Kinder hartnäckig von diesen beansprucht würden. Auch seien, so wussten sie einhellig zu beklagen, öffentliche Auftritte in unbehandeltem Zustand schwer erträglich, weil sie generell als Beamte, also als Kriecher, diskriminiert würden.

Aber bei genauer Beobachtung war unter diesen Elendsgestalten eine zweite Teilgruppe zu erkennen. Ich war mir gleich sicher, dass es sich bei ihnen wohl um ein zwar verwandtes, aber doch notwendigerweise zu unterscheidendes Erscheinungsbild handeln müsste. Und in der Tat stellte sich schon beim Eintritt ins Wartezimmer heraus, dass es sich bei dieser Gruppe um eine männliche Spezies (eingestreut allerdings auch wenige weibliche Individuen) handelte, die weder den Fußboden absuchen noch in waagerechter Sitzhaltung verharren müssen. Sie waren in der Lage, relativ aufrecht, zwar mit einer gewiss eigenartigen Verdrehung im Oberkörper, zu gehen und zu sitzen. Ein wenig ungewohnt, ja irritierend war es schon, dass sie sich beim Gehen grundsätzlich rechts- oder linksverdreht seitwärts fortbewegten und im Gespräch dem Gesprächspartner immer das Profil zuwandten. Rein äußerlich fielen sie wohltuend durch ihre exorbitant gepflegte Kleidung auf, ausschließlich in angelsächsischem Karo.

In einem gewissen Kontrast zu dem überwiegend in sattem Grün gehaltenen Farbton ihrer Kleidung standen bei einigen von ihnen gewisse veilchenfarbige, also in einem Blauton gehaltene Merkmale an manchen Augen. Auch auffällige Schwellungen waren erkennbar. Diese Subgruppe hatte, wie deren Mitglieder angaben, wegen dieser Auffälligkeit im Anschluss noch einen Termin in der Augenabteilung. Das Verbindende zwischen diesen so anständig gekleideten Menschen war, dass sie allesamt einem besonders exklusiven Hobby anhingen, dem Golfsport nämlich. Ihre regelmäßigen Exkursionen über die Greens und Fairways dieser und anderer

Republiken und Königreiche, das intensive Putten und Ringen um das beste Handicap hatte ihnen zwar noch nicht das Rückgrat gebrochen, jedoch verkrümmt. Und bei einigen von ihnen hatte die zu große Kontaktfreude mit dem Spielobjekt dafür gesorgt, dass ihre Augenränder zusätzlich unangenehme Veränderungen aufwiesen.

Ein bisschen degoutant, also ekelhaft bzw. abstoßend, war für sie schon, dass sie sich das Wartezimmer mit jenen merkwürdigen Individuen teilen mussten, die überwiegend gemusterte Hemden und Jeanshosen trugen und einer derart unwürdigen Beschäftigung innerhalb der häuslichen vier Wände nachgingen. Natürlich würden die Golfer alle Hebel in Bewegung setzen, nicht auch noch während der Therapie dieser Lowerclass-Gestalten ansichtig werden zu müssen. Das Streben der Menschen nach Gleichheit mag ja gut und richtig sein. Aber muss das denn schon für Verkrümmungen des Rückgrats gelten? Sie empfanden es, und das muss hier zur Bekräftigung wiederholt werden, als degoutant, unappetizing and uncultured.

Nachwort

Als eifrige Löserinnen und Löser von Kreuzworträtseln werden Sie erwarten, dass am Ende die Auflösungen stehen. Und auch das vorliegende Buch enthält einige Rätsel, die in der gebotenen Weise der Auflösung bedürfen. Das größte Rätsel allerdings kann ich nicht auflösen: die Frage nämlich, wie man ausgestattet sein muss, um auf so wenigen Seiten so viel Groteskes, zuweilen auch Bissiges zu schreiben. Ich weiß es selbst nicht. Natürlich gibt es in mir eine ungemeine, kaum zu zügelnde Fabulierlust.

Dabei fängt eigentlich alles immer ziemlich harmlos an. Das geht in der Regel so: Im Gedächtnisspeicher existiert die Begegnung mit einem x-beliebigen Menschen, oder es ist dort eine x-beliebige Alltagsszene als grundsätzlich abrufbare Erinnerung abgelegt. Rufe ich sie ab, webt sich um sie herum erst beim Schreiben allmählich ein Text. Er bekommt manchmal so viele Verästelungen, dass ich schließlich mit einer groben

Baumschere stutzend und schneidend in das Dickicht eindringen muss.

Heinrich von Kleist hat diesen hier wohl ablaufenden Vorgang einmal in die kluge Sentenz gefasst, dass sich der Text beim Schreiben verfertige. Es fasziniert mich immer wieder, dieses Phänomen beim eigenen Schreiben erleben zu dürfen. Und dass ich dabei den Computer einsetzen kann, mit seiner Hilfe ohne Umstände Passagen streichen, ändern, versetzen kann, macht die Sache zu einem herrlichen Sprachspiel und Spaß.

Natürlich bleibe ich bei dem bereits in den eingangs verfassten »Notwendigen Vorbemerkungen« Erwähnten, wonach fast alles frei erfunden ist. Dennoch hat jedes Kapitel seinen realen und wahren Kern, dasjenige, was nur aufgespießt bzw. aus dem Speicher abgerufen werden musste. Die meisten Geschichten haben ihren Ausgangspunkt – wie der Titel verspricht – tatsächlich in Worpswede oder der unmittelbaren Umgebung, also umzu, wie man hier sagt. Einige Erlebnisse oder Anstöße habe ich allerdings aus früheren Orten, in denen wir lebten, als Erinnerungsspur mitgebracht, sie aber so verändert, dass sie das hiesige Lokalkolorit annehmen. Dennoch muss sich kein Mensch in Worpswede oder auch anderswo angesprochen oder auf den Arm genommen fühlen, selbst dann nicht, wenn er sich direkt wiederzuerkennen glaubt. Die Vermutung geht mit Sicherheit in die Irre.

Selbstverständlich kann und will ich nicht in Abrede stellen, dass in Worpswede wie anderenorts vieles neu und eben nicht immer sensibel genug gebaut wird, beim Schützenfest nicht alle Teilnehmer ganz nüchtern nach Hause gehen, auf dem Weyerberg im Frühjahr Gülle in großen Mengen ausgebracht wird, die manche Geruchsbelästigung darstellt, in den Amtsstuben, selbst im hiesigen Rathaus, noch Potentiale für größere Bürgerfreundlichkeit ungenutzt sind und es manche Eigenarten der Menschen im Umgang mit- und untereinander gibt, die gerade in einem Ort wie Worpswede, wo Individualität wie sonst kaum irgendwo zugelassen wird, besonders bunt und reich zum Tragen kommen und so weiter und so fort.

Dies alles und einiges mehr, über das ich mich zuweilen gewundert, amüsiert oder geärgert habe, lieferte lediglich den Anstoß für die daraus entstandenen Geschichten. Nicht mehr und nicht weniger. Der Rest, das im wahrsten Wortsinne gesponnene Netzwerk, ist erfunden, sind Hirngespinste sozusagen.

Man sagt, die schönsten Geschichten, auch humorvolle oder groteske würde das Leben selbst schreiben. Da ist etwas Wahres dran, wenn man denn bereit ist, das Leben in seiner Vielfalt wahrzunehmen, die Menschen in ihrer Eigenart, mit ihren Marotten, Eitelkeiten und Spleens zu akzeptieren und Freude am Beobachten hat. Was liegt da näher, als diese Buntheit aufzusaugen und in sprachlich angemessene Formen zu gießen? Um die einzelnen Kerne in ihrer allgemeinen Aussage und Bedeutung herauszuarbeiten, ist die Verfremdung als Groteske und Humoreske bis hin zur Satire ein probates Stilmittel. Natürlich ist diese

Darstellungsform auch eine schwierige Balanceübung mit der Gefahr von Grenzüberschreitungen und Verletzungen.

Ich hoffe sehr, es bleiben nicht zu viele Verletzte zurück! Anderenfalls müsste ich Ihnen eine Behandlung, sei es nun ambulant oder stationär empfehlen. Vielleicht könnten Sie sich ja wenigstens zu einer Wellness-Kur auf den Höhen des Weyerbergs durchringen, wenn die Deutschen Meisterschaften im Kunst- und Geschicklichkeitsodeln stattfinden? Ich werde in jedem Falle dort sein.

Möglich, dass dabei schon wieder eine neue Geschichte beginnt. Also, bis bald!